Carina Herrmann
Meerblick statt Frühschicht

PIPER

Zu diesem Buch

Nach sechs Jahren als Kinderkrankenschwester in der Onkologie ist Carina Herrmann völlig ausgebrannt. Sie beschließt, alles zu verändern, und bricht allein nach Australien auf – eine Reise, die ihr Leben neu ordnet. Unterwegs lernt sie, auf sich selbst zu hören, und ihr wird klar, dass sie nicht in ihr altes, durchgetaktetes Leben in Deutschland zurückkehren kann. Richtig sesshaft geworden ist sie seitdem nicht mehr, stattdessen hat sie als Bloggerin und digitale Nomadin ihren Traum vom Reisen zum Beruf gemacht. Ihre Mission ist es, anderen Frauen zu beweisen: Wenn ich es kann, kannst du es auch!

Carina Herrmann, Jahrgang 1980, ließ ihr altes Leben in Frankfurt hinter sich, reist seit fünf Jahren um die Welt und ermutigt in ihrem Blog andere Frauen, es ihr gleichzutun. »Pink Compass« ist Deutschlands beliebtester Blog für alleinreisende Frauen, die Autorin wird regelmäßig als Expertin zum Thema interviewt.

Carina Herrmann

Meerblick statt Frühschicht

Warum ich losreisen musste,
um bei mir selbst anzukommen

PIPER
München Berlin Zürich

Mehr über unsere Autoren und Bücher:
www.piper.de

Die Namen aller im Buch erscheinenden Personen wurden geändert. Patienten, die im Buch beschrieben sind, wurden anonymisiert, um ihre Privatsphäre zu schützen.

 MIX
Papier aus verantwor-
tungsvollen Quellen
FSC
www.fsc.org FSC® C083411

Originalausgabe
1. Auflage Mai 2016
2. Auflage August 2016
© Piper Verlag GmbH, München/Berlin 2016
Umschlaggestaltung: www.buerosued.de
Umschlagabbildung: www.buerosued.de, Colin Anderson, getty Images
Satz: Uhl+Massopust, Aalen
Gesetzt aus der Meridien
Druck und Bindung: CPI books GmbH, Leck
Printed in Germany   ISBN 978-3-492-30838-0

Für dich.
Um dir zu zeigen, dass es möglich ist:
Wie auch immer du dein Leben leben möchtest,
du selbst hast die Kraft, es genau so zu gestalten.

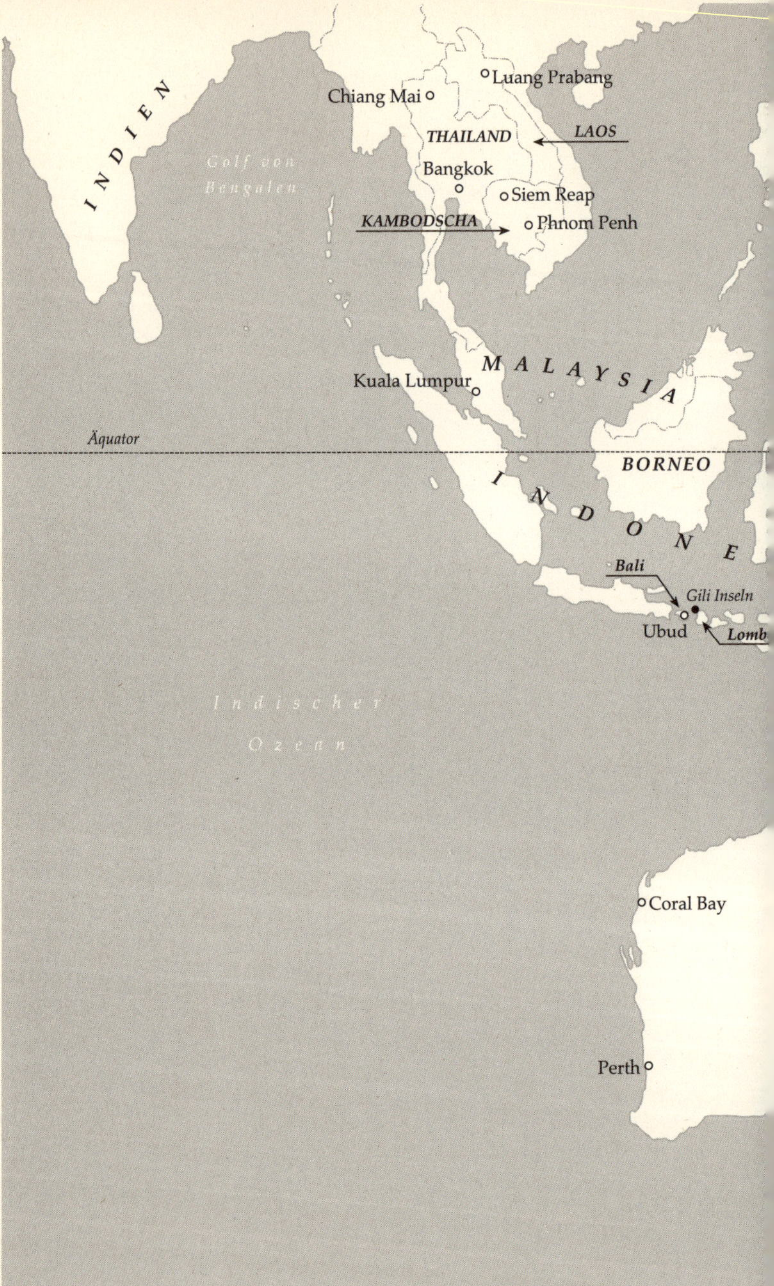
INDIEN
Golf von Bengalen
Chiang Mai
Luang Prabang
THAILAND
LAOS
Bangkok
Siem Reap
KAMBODSCHA
Phnom Penh
MALAYSIA
Kuala Lumpur
Äquator
BORNEO
INDONE
Bali
Gili Inseln
Ubud
Lomb
Indischer Ozean
Coral Bay
Perth

Inhalt

Prolog

Ich habe sechs Jahre, zwei Monate und einen Tag als Krankenschwester auf Kinderkrebsstationen gearbeitet.

Wie viele kleine Patienten ich betreut und wie viele ich verloren habe, weiß ich nicht. Aber ich weiß noch genau, welche kleine Patientin mich gebrochen hat. Und den Moment, als es passierte.

Als ich mich nach dem Abitur für die Ausbildung zur Kinderkrankenschwester entschied, hatte ich nicht vor, in die Onkologie zu gehen. Ich glaube, niemand plant diesen Schritt. Irgendwann wird man in einem Vorstellungsgespräch gefragt, ob dieser Fachbereich generell in Frage kommt. Oder man bekommt einen Job mit guten Konditionen angeboten, den man in Zeiten von Stellenmangel unmöglich ablehnen kann. Aber ich bezweifle, dass jemand dieses Fachgebiet wirklich bewusst wählt. Ich erinnere mich heute noch an die Warnung, die eine meiner Ausbilderinnen uns mit auf den Weg gab: Solltet ihr jemals in die Kinderonkologie gehen, bleibt dort nicht länger als maximal zwei Jahre, sonst frisst es euch auf. Ich hätte besser auf sie hören sollen…

Jahrelang war ich ein sehr unsteter Mensch. Schon seit der Ausbildung war ich immer wieder auf der Suche nach Veränderung. Ich dekorierte meine Wohnung mindestens einmal im Monat um, zog alle zwei Jahre in eine neue Stadt, begann ein Medizinstudium und gab es wieder auf. Mir wurde damals klar, dass ich schon als Krankenschwester zu viel Verantwortung trug – als Ärztin hätte ich noch schwerere Entscheidungen treffen müssen. Auch dieser Versuch füllte nicht die Leere in mir. Das Gefühl, dass mein Leben doch mehr sein müsste. Erfüllter. Glücklicher. Dazu kamen die Kinder, die mich immer häufiger auf der Arbeit festhielten, mich nicht gehen ließen, selbst wenn die Dienstzeit beendet war. Die mich selbst an freien Tagen zurück auf Station zogen. Sie forderten es nicht ein, niemand bat mich, zu bleiben, aber ich hatte das Gefühl, es wäre meine Pflicht. Ich sagte mir, ich müsste das so machen. Überstunden, Besuche an dienstfreien Tagen, stundenlanges Grübeln, während ich eigentlich freihatte. Die Vorstellung, einen Patienten in einem schweren Moment allein zu lassen, auszustempeln und nach Hause zu gehen, empfand ich als unerträglich. Sobald ich das Krankenhaus verließ, um mein eigenes Leben zu leben – vollgestopft mit Besitz, Hobbys und Freunden –, fühlte ich mich schuldig. Wie konnte ich ausgehen, feiern und das Leben genießen, wenn es den Eltern und den Kindern in der Klinik so schlecht ging? Vom Kopf her war mir klar, dass das Quatsch war, aber die Gedanken und Schuldgefühle ließen sich einfach nicht mehr abstellen. Ich konnte nicht mehr abschalten und merkte zunehmend, wie ich mich von meiner Arbeit komplett ausgefüllt und doch immer betäubter fühlte.

Auf einer Irland-Reise mit einer Freundin im Sommer 2010 fasste ich dann den Entschluss, nach Australien zu gehen. Er kam ganz plötzlich, ohne großes Aufheben, und setzte sich einfach in meinem Kopf fest. Während wir eine Woche lang mit dem Mietwagen die engen Straßen zwischen Grün und Steinmauern entlangfuhren und Lady Antebellum aus der Anlage dröhnte, die wir mit unseren Stimmen tatkräftig unterstützten, fühlte ich mich frei. Der Job war endlich einmal weit weg – die Verpflichtungen, Sorgen und die Trägheit, die mich sonst die meisten Tage gefangen hielten, waren wie weggeblasen, und ich wusste instinktiv, dass ich eine Auszeit brauchte. Länger als eine Woche Irland. Als wir am letzten Abend in einem Pub saßen, vor einer dampfenden Schale Shepherd's Pie, erzählte ich meiner Freundin von meiner Idee, ein Working-Holiday-Visum für Australien zu beantragen. Sie starrte mich genauso erstaunt an, wie ich mich fühlte, als die Worte aus mir heraussprudelten.

Zurück in Frankfurt, holte mich der Alltag schnell wieder ein, aber mein Vorhaben war in Stein gemeißelt. An einem Freitagvormittag setzte ich mich vor dem Spätdienst an den Laptop und füllte das Online-Formular für den Visums-Antrag aus. Alles war unkompliziert und verständlich, und eine halbe Stunde später sagte mir eine automatische Antwort, dass es einige Wochen dauern könne, bis ich Bescheid über die Zu- oder Absage erhalten würde. Ich ging also zur Arbeit und verfiel in meine Routine, bis ein paar Stunden später die Antwort der Visumsbehörde in mein Postfach flatterte. Mit einer Zusage. Auf nach Australien!

Ich plante also eine Reise auf unbestimmte Zeit, mit allem, was dazugehörte: Kündigung, Auflösung meiner Wohnung und meines Besitzes und Abschied auf Zeit. Ich konnte mir nicht erklären, warum ich so radikal vorging für etwas, das vielleicht nach sechs Wochen schon wieder vorbei sein würde, wenn ich von Heimweh geplagt den Rücktritt antreten würde, aber etwas in mir verlangte danach. Nach einem klaren Schnitt und der Freiheit, komplett neu entscheiden zu können, was danach kommen soll. Diese Reise sollte eine Auszeit sein, um mir zu überlegen, was ich eigentlich wirklich wollte, und zugleich war sie ein unbewusster Ausstieg aus der Spirale an negativen Emotionen, in der ich mehr und mehr versunken war. Mich zog es in die Welt hinaus, von der ich bisher noch nicht mehr gesehen hatte als ein paar Ecken innerhalb europäischer Grenzen, und weg von meinem Leben, das mich in den vergangenen Jahren alles andere als glücklich gemacht hatte.

Vier Monate bevor ich aufbrach, wurden zwei neue Patienten eingeliefert. Fast gleich alt und viel zu jung, um zu verstehen, was mit ihnen passiert, bekamen sie gleichzeitig dieselbe Diagnose gestellt: eine seltene Krebsform, die eine geringe Überlebenschance und Monate voller Qualen im Krankenhaus für sie bedeutete. Gemeinsam durchlitten die beiden Familien Schmerz, Trauer und immer wieder Hoffnungsschübe – und wir als Schwestern mit ihnen. Zum ersten Mal verlor ich mich völlig. Die Distanz, die so unglaublich wichtig ist in diesem Beruf, löste sich mit jedem Tag mehr in Luft auf. Ich konnte mich diesen Familien aus eigener Kraft nicht entziehen. Das Gefühl, ihnen etwas zu verweigern, was ihnen zustand, mein Mitgefühl, meine Schulter zum Anlehnen und meine fachliche Betreuung, brachte mich dazu, immer wieder auf Station zu kommen, selbst wenn es aus dienstlichen Gründen nicht notwendig war. Ich fühlte mich verpflichtet, ohne dass mir jemand diese Pflicht aufgetragen hatte. So fieberte ich dem Beginn meiner Reise entgegen und dem Abstand, der damit kommen würde und den ich so dringend brauchte.

Kurz vor meinem letzten Arbeitstag wurde mir die Chance verwehrt, nicht noch einen weiteren Patienten in meine regelmäßig wiederkehrenden Albträume aufnehmen zu müssen. Eins der beiden Kinder verstarb sehr plötzlich. So schnell, dass ich schon, eine halbe Stunde nachdem mich der Anruf zu ihrem kritischen Zustand auf der Nachbarstation erreichte, zu spät kam. Die Trauer der Familie war wie eine Mauer, gegen die ich lief. Ich hielt es nur wenige Minuten in dem Zimmer aus, das nun viel zu schnell viel zu ruhig geworden war. Statt piepsender Monitore erfüllte Verzweiflung die Luft und erstickte mich. Ich schaffte es gerade noch ins Nachbarzimmer, bevor ich in Tränen ausbrach. In diesem Moment erkannte ich, dass ich schon viel zu lange gewartet hatte. Dass der Entschluss, diese Reise zu machen, der Ausweg aus meiner Verzweiflung war, bevor mir überhaupt bewusst war, dass ich dringend einen Ausweg brauchte.

Zuerst fühlte es sich egoistisch an, einfach zu gehen. Meinen Job endgültig zu kündigen, meinem Beruf den Rücken zu kehren und den vielen Familien, die noch kommen würden. Ich fühlte mich schwach, weil ich täglich Schwestern sah, die schon dreimal so lange wie ich in diesem Beruf arbeiteten und es immer noch schafften, die Distanz dazu zu erhalten. Ich fühlte mich schwach, weil ich einfach aufgab. Davonlief. Den einfachen Weg wählte. Rauswollte, weit entfernt sein von alledem. Aber ich wusste genau, wenn ich bliebe, würde ich entweder innerlich absterben oder irgendwann in der versteckten, vergrabenen Trauer untergehen.

Diese Reise würde meine Trauerverarbeitung und mein Befreiungsschlag werden. Ich würde mich von unzähligen Patienten und viel zu vielen Erinnerungen verabschieden, die ich nun lange Jahre mit mir herumgetragen hatte. Es wurde dringend Zeit, loszulassen…

Der Aufbruch in ein neues Leben

Glaube daran, dass du es kannst.
Und du bist schon halb da.

Theodore Roosevelt

Der Zug rollt langsam los. Ich sitze am Fenster und sehe meine winkenden Eltern aus dem Blickfeld verschwinden. Einen Abschied am Flughafen wollte ich nicht, also bin ich nun auf dem Weg nach Frankfurt, um dort noch eine Nacht bei Freunden zu verbringen, bevor meine Reise endgültig startet. Abschiede sind nicht meine Stärke, und der letzte Monat war gepflastert damit – mit kleinen und großen, mit leichten und schweren. Unterbewusst weiß ich bereits, dass ich zu vielen Bereichen meines alten Lebens nicht zurückkehren werde, aber aussprechen tue ich das nicht. Ich versichere meinen Kollegen, dass ich sicherlich von Heimweh geplagt in sechs Wochen wieder am Eingang der Station stehen werde, bereit, die Arbeitsroutine wieder aufzunehmen. Mein Chef betont beim Abschied, dass ich jederzeit in meine Stelle zurückkehren könne. Das Gefühl, das diese Aussage in mir auslöst, ist widersprüchlich. Ich glaube, entweder ich bin in einem Monat zurück oder gar nicht. Dieser Gedanke ist eine Mischung aus dem heimwehgeplagten Kind, das ich einmal war und das keine zwei Wochen im Ferienlager ohne durchweinte Nächte verbringen konnte, und der Person, die ich gerade ganz neu kennenlerne. Die gerade ihre sichere Stelle gekündigt und ihren gesamten Besitz verkauft hat, ihre Wohnung aufgelöst hat und nur noch sechs gefüllte Umzugskisten im Keller ihrer Eltern besitzt. Immer mal wieder frage ich mich, wer diese Person eigentlich ist, die mich die letzten Monate fast täglich mit ihrer neu entdeckten Courage überrascht. Ich schätze, ich werde es herausfinden.

Meinen Freunden erkläre ich, dass diese Auszeit nicht lange dauern wird und dass sie kaum merken werden, dass ich überhaupt weg war. Um sie zu beruhigen und um mein schlechtes Gewissen zu beruhigen. Ich sage ihnen, dass wir vermutlich mehr Kontakt haben werden als während meines Alltags in Frankfurt, weil ich viel mehr Zeit haben werde.

Aber da ist auch ein Teil von mir, der aufatmet. Der viel weniger aufgeregt und nervös über das ist, was kommt, und stattdessen Erleichterung verspürt. Erst jetzt komme ich dazu, die letzten Monate Revue passieren zu lassen. Es fühlt sich an, als hätte ich nur auf eine innere Aufgabenliste gehört, ohne mir zu erlauben, näher darüber nachzudenken. Vielleicht hätte ich sonst beim Gedanken daran, was ich gerade eigentlich plane und tue, aus Angst vor meiner eigenen Courage aufgegeben.

Nachdem ich das Visum für Australien erhalten hatte,

liefen die nächsten Schritte wie von selbst: Ich recherchierte, wie lange meine Kündigungsfrist im Krankenhaus war, und überlegte, wann ich meinem Chef von meinem Ausstieg erzählen sollte. Ich wollte fair sein. Ihm entsprechend meiner Kündigungsfrist nur sechs Wochen zu lassen, um nach einem Ersatz für mich zu suchen, würde es nicht leicht machen. Für die Onkologie gab es lange nicht so viele Bewerbungen wie für andere Fachgebiete. Ein Ausstieg auf Zeit, unbezahlter Urlaub oder ein Sabbatical kamen mir gar nicht erst in den Sinn. Ich brauchte einfach einen klaren Schnitt.

Als ich mich mit meiner Mitbewohnerin zusammensetzte, mit der ich eine schöne Altbauwohnung in Frankfurt Niederrad teilte, kam die gleiche Frage auf. Lohnt es sich, eine Zwischenmieterin zu suchen, wenn nicht klar ist, wann ich eigentlich wiederkomme? Ich liebte unsere Wohnung. Sie war absolut einzigartig, mit einer Badewanne in einem verwinkelten Teil des Badezimmers, einem Hochbett in meinem Zimmer, das den Raum in Schlaf- und Wohnbereich teilte, und einem kleinen gemütlichen Balkon, der davon abging. Also musste ich mir selbst die Frage stellen, wie sehr ich an diesem Leben festhalten wollte. Letztendlich traf meine Mitbewohnerin den Entschluss, ebenfalls auszuziehen. Der Mietvertrag wurde also gekündigt und bei mir fielen die letzten Grenzen. Ich verkaufte meine gesamten Möbel über Aushänge in der Uni, Kleinanzeigen im Internet und verschiedene Facebook-Gruppen. Abgesehen von meinen Büchern und Erinnerungsstücken wurde mein kompletter Besitz auf ganz Frankfurt verteilt. Alles, was am Ende übrig blieb, passte in einen Kleinwagen.

Beim Weggeben meines Besitzes war mein Mantra,

dass ich alles nach meiner Rückkehr auch wieder anschaffen könnte. Damit ließ sich dieser Prozess schmerzfreier überstehen. Zugleich sah ich freudig zu, wie sich mit jedem Verkauf meine Reisekasse füllte. Und das entwickelte sich zur Sucht. Dinge, von denen ich mich anfangs noch nicht trennen konnte, wurden doch noch auf die Aushänge verteilt, und jeder Euro, der auf meinem Konto landete, war ein kleines Versprechen auf weitere Abenteuer.

Meine Arbeitskollegen sahen mich mit großen Augen an und fragten mich immer wieder, ob es mir denn keine Angst machen würde, komplett ohne Besitz dazustehen. Ohne Basis, zu der ich zurückkommen könnte. Die Sicherheit, dass hier noch etwas auf mich wartete. Für mich fühlte sich das alles mehr und mehr wie ein Befreiungsschlag an. Mit jedem Stück, das ich verkaufte, mit jedem Vertrag, den ich kündigte, fühlte ich mich freier und leichter. Etwas hatte mich festgehalten, da war ich mir sicher. Natürlich dachte ich dennoch pflicht- und verantwortungsbewusst darüber nach, was nach meiner Rückkehr passieren würde. Vielleicht entdeckte ich gerade meine Abenteuerlust, aber ich war nicht leichtsinnig. Ich würde nach meiner Rückkehr einen Geldpuffer brauchen. Einen neuen Job und eine neue Wohnung zu finden würde Zeit kosten. Zeit, in der ich essen und irgendwo schlafen musste. Eine neue Wohnung kostet Miete und Kaution. Und wenn ich kein möbliertes WG-Zimmer für die Anfangszeit fände, bräuchte ich auch neue Möbel. Deshalb legte ich ein zweites Konto an, auf dem ich gut 3000 Euro für »die Zeit danach« ansparte. Durch Extra-Schichten im Krankenhaus, Feiertagszuschläge, freiwillige Dienste an

Weihnachten und Silvester und den Verkauf meiner Sachen hatten sich beide Konten gut füllen lassen.

Auch diese Erklärungen konnten besorgte Freunde und Verwandte nicht beruhigen, mich hingegen absolut. Mit knapp 7500 Euro auf meinem Reisekonto, Referenzen und übersetzten Zeugnissen für die Jobsuche und genug Geld für Notfälle im Gepäck war ich gut vorbereitet.

Immer wieder versuche ich mir vorzustellen, was da nun eigentlich vor mir liegt, aber sosehr ich mich auch anstrenge, das Bild bleibt nebelig. Morgen werde ich zum ersten Mal in meinem Leben auf einen fernen Kontinent reisen. In eine völlig fremde Kultur mit völlig fremdartigen Menschen und einer ganz anderen Mentalität. Zumindest stelle ich mir das exotische Australien in meinem noch nicht weit gereisten Kopf so vor. Exotisch. Anders. Fremd.

Der letzte Abend vor meiner Abreise geht erstaunlich ruhig und entspannt vorüber. Ich schlafe gut und bin zuversichtlich, gut vorbereitet in mein neues Abenteuer zu reisen. Schließlich habe ich die letzten vier Monate exzessiv Planung, Vorbereitung und Recherche betrieben. Mein Reiseführer steckt, farblich codiert mit Post-its, in meinem Handgepäck, einem kleinen 15-Liter-Rucksack, der optimal ist für Tagesausflüge sowie für Einkäufe und Städte-Erkundungen. Mein großer 55-Liter-Rucksack ist gefüllt mit der perfektionierten Anzahl der nützlichsten Kleidungsstücke und Utensilien, die man auf einer Langzeitreise benötigen könnte. Alles an mir ist bis zum Maximum optimiert. Ich wäre das ideale Covermotiv für eine Backpacker-Zeitschrift. Und doch habe ich mit meinen dreißig Jahren noch nie einen Fuß in die weite Welt gesetzt. Die ganze Vorbereitung hat mich gleichermaßen beruhigt und motiviert. Wenn ich gut ausgestattet bin, kann keine Situation unerwartet sein. Wenn ich gut informiert bin, kann ich die sorgenvollen Fragen meiner Familie und Freunde mit Gegenargumenten abwiegeln. Und wenn ich alles bis ins Detail geplant habe, kann mir nichts Schlimmes passieren.

Seit Monaten verbringe ich ganze Tage damit und brüte über meinem Reiseführer, markiere sämtliche Sehenswürdigkeiten, recherchiere Hostels an allen erdenklichen Orten und finde heraus, wie ich mit fremden Währungen, Sprachen und Kulturen zurechtkommen kann. Das Schrecklichste für mich ist Ungewissheit. Solange ich weiß, was auf mich zukommt, fühle ich mich sicher. So stapeln sich nun die Informationen der letzten sechs Monate im meinem Hirn. Auch wenn es eine künstliche Sicherheit ist, kann ich mir so wenigstens einreden, ich sei auf alles, was kommen könnte, vorbereitet.

Meine erste Woche in Sydney werde ich in einem sorgfältig ausgewählten Hostel verbringen. In einem hübschen Viertel, mit vielen anderen Reisenden und in einem Frauen-Schlafsaal, der vermutlich voller Deutscher sein wird. Das sagen zumindest die vielen Bewertungen auf der Buchungsseite: »Viele Deutsche.« Auch dieser Punkt lässt mich ruhig schlafen, denn dort werde ich erst einmal keine Probleme mit meinem eingerosteten Schulenglisch haben und kann andere nach Tipps fragen. Obwohl ich mich in der Klinik mit ausländischen Patienten immer gut verständigen konnte, zweifele ich stark daran, dass mein Englisch unter Muttersprachlern wirklich bestehen kann.

Meine Route für das erste halbe Jahr ist auch bereits durchgeplant. Ich habe keine Ahnung, ob ich überhaupt so lange dort sein werde, aber im Fall der Fälle bin ich gut organisiert. Von Sydney werde ich nach Brisbane reisen, von dort nach Hervey Bay, eine Tour nach Fraser Island machen, auf die einzige Sandinsel der Welt, die mit Tropenwald bewachsen ist, und dann entlang des Great Barrier Reefs bis nach Cairns. Ich weiß, welche Busanbieter es dort gibt und dass an der Ostküste keine Zugstrecken existieren. Ich weiß, dass jetzt die optimale Reisezeit für Australien ist und dass es vermutlich sehr heiß sein wird. Auf meiner Karte sind entlang der Route mehrere Markierungen angebracht, ordentlich farblich codiert. Dinge wie »Schöne Insel« – »Kann man gut schnorcheln« – »Hübsche Unterkunft hier« stehen darauf. Ich bin bestens vorbereitet. Alles wird gut.

Am nächsten Morgen verabschiede ich mich von meinen Freunden und werde von einer Arbeitskollegin an den Flughafen gebracht. Seit gestern scheint auch mein Körper zu realisieren, dass es ernst wird. Erst hat mich ein Schwindel geplagt, der auf einem Hochseeschiff nicht schöner hätte sein können. Seit der Nacht quälen mich Bauchschmerzen. Anfangs dachte ich noch, ein fieser Virus hätte sich breitgemacht, aber da die Bauchschmerzen verdächtig aufwallen, wenn ich über den Abschied nachdenke, ist klar, was mich wirklich zwickt.

Im Auto meiner Freundin muss ich schon das erste Abenteuer hinter mich bringen: Sie drückt mir eine Thrombose-Spritze in die Hand. Auch wenn ich schon unzählige gesetzt habe, habe ich mir noch nie selbst eine verpassen müssen.

Meiner Freundin fällt der Abschied schwerer als mir,

und ich frage mich langsam, ob mir eigentlich klar ist, was ich hier mache. Nachdem ich meinen perfekt ausgestatteten Rucksack am Check-in des Flughafens abgegeben habe und durch die ersten Sicherheitskontrollen gegangen bin, stehe ich mit meinem Reisepass in der einen Hand und dem Flugticket in der anderen am Fenster und blicke auf das Rollfeld hinaus. Ironischerweise hat es angefangen zu schneien. In den wenigen Momenten, in denen ich darüber nachdenke, mein Work-&-Holiday-Visum tatsächlich komplett auszunutzen, träume ich von zwölf Monaten ohne Schnee. Ohne Winter und ohne Kälte. Schließlich ist es in Australien immer irgendwo warm. Ich schließe kurz die Augen und fange bei dem Gedanken, zwölf Monate nicht mehr frieren zu müssen, an zu lächeln. Kälte war schon immer eines der unangenehmsten Dinge für mich. Seit dreißig Jahren verabscheue ich nichts so sehr wie den deutschen Winter, in dem mir immer kalt ist, egal welche Kleidung ich trage. Aber das hat in weniger als 24 Stunden erst einmal ein Ende.

Im Flugzeug freue ich mich wie ein kleines Kind darüber, dass ich eine ganze Sitzreihe für mich habe und in meiner Sitztasche ein herausklappbares Entertainmentprogramm mit den neuesten Kinofilmen finde. Die kommenden Stunden sind geschenkte Zeit. Ich kann tun und lassen, was ich will, ohne schlechtes Gewissen, dass ich eigentlich irgendetwas erledigen müsste. Filme schauen, Serien durchhecheln, schlafen, essen. Die letzten Jahre habe ich mich konstant unter Druck gefühlt. Auf meiner To-do-Liste gab es immer Dinge, die ich eigentlich schon lange hätte erledigen sollen, die restliche Zeit hielt mich mein Job auf Trab. Zeit war nie

wirklich »frei«, und selbst die Tage, die ich im Schlafanzug mit meinem Laptop im Bett verbrachte, waren
immer von meinem schlechten Gewissen begleitet,
die Zeit nicht effektiv zu nutzen. Im Flugzeug kann
ich nun gar nichts anderes tun als das, wozu ich Lust
habe. Sämtliche To-dos sind abgehakt, ich habe keinen
Job mehr und auch keine anderen Verpflichtungen, die
mich in irgendeiner Weise fordern.

Meine WG war komplett aufgelöst, mein Besitz verkauft, verschenkt oder eingelagert und mein Job gekündigt. Ich hatte keine feste Aufgabe mehr und war sehr gespannt, was das mit mir anstellen würde. Natürlich hatte
ich vor, unglaublich viel zu sehen, das würde meine Zeit
intensiv füllen. Aber ich *musste* ab diesem Moment gar
nichts mehr und konnte mich voll auf meine Reise konzentrieren – und darauf, herauszufinden, was ich eigentlich von meinem Leben erwarte. Das war die große
Frage. Die einzige Verpflichtung, die ich mir selbst auferlegt hatte, war, meinen drei Monate alten Reiseblog
zu füllen, damit zu Hause alle wissen, dass es mir gut
geht und ich noch nicht von einem Hai angegriffen,
einem Krokodil gefressen oder einer tödlichen Spinne
oder Schlange gebissen worden war. Tatsächlich waren
das die Hauptsorgen, die mir in den letzten Wochen immer wieder vorgetragen wurden: die vielen verschiedenen Arten, auf die ich in Australien sterben könnte. Ich
wusste also mittlerweile, dass es spezielle Anzüge gibt,
mit denen ich am Great Barrier Reef schwimmen kann,
ohne dass mich die tödlichen Quallen dort erwischen,
dass ich im Busch immer kräftig auftreten muss, damit
die Schlangen die Vibrationen spüren und sich verziehen, und dass ich niemals T-Shirts ohne Ärmel tragen

sollte, damit ich nicht vom Ozonloch Hautkrebs verpasst bekomme. Ich war aufgeklärt und vorbereitet, quasi ein weiblicher Chuck Norris. Und ich hatte absolut keinen Schimmer, was mich wirklich erwartete.

Sydney

Etwas mehr als 24 Stunden später wache ich in meinem Hostelbett in Australien auf. Die Erinnerung an letzte Nacht ist ein wenig nebelig und im Jetlag versunken. Wie ich es vom Flughafen noch zu meinem Hostel geschafft habe, weiß ich nicht mehr so genau. Gegen elf Uhr abends lag ich in meinem 6er-Frauenschlafsaal und fiel sofort in einen tiefen, komaartigen Schlaf. An meinem ersten Morgen in Sydney fühlt sich alles fremd und gleichzeitig normal an.

Als ich um sieben Uhr die Augen aufmache, geht der Griff sofort zum Laptop und ich öffne Skype. Zu Hause alle wissen zu lassen, dass es mir gut geht, fühlt sich an wie eine wichtige Pflicht, die es ab jetzt zu erfüllen gilt. Aber dass meine Eltern nun beim Abendessen sitzen, während ich gerade wach werde, erscheint mir abstrakt. Ich komme mir lächerlich vor, weil Zeitverschiebung ein neues Konzept für mich ist. Zugleich fühle ich mich wie eine Göre, die zum ersten Mal über Nacht von zu Hause weg ist, dabei bin ich in meinem Schlafsaal mit Abstand die Älteste. Als ich später im Aufenthaltsraum des Hostels sitze, versuche ich mich schrittweise an alles zu gewöhnen: Ich bin nun in Sydney. Mein Bett ist für eine Woche gebucht – genug Zeit, um diese Stadt zu erkunden. Als Erstes brauche ich einen Supermarkt.

Stammelnd frage ich an der Rezeption nach dem kürzesten Weg und merke, wie eingerostet mein Englisch ist. Vermutlich liegt das am Jetlag. Mit einer Karte ausgestattet und immer noch etwas benebelt laufe ich nach draußen. Mein Hostel liegt mitten in der Backpacker-Gegend von Sydney, so viel weiß ich noch von meinem kurzen Weg gestern Abend. An der Straße werden überall Camper-Vans weiterverkauft und zahlreiche Hostels und Touristen-Bars prägen das Straßenbild. Anschluss zu finden sollte hier nicht so schwierig sein.

Im Supermarkt erwartet mich der erste kleine Schock: Die Preise sind unglaublich hoch! Ich hatte mir profimäßig eine kleine Umrechentabelle erstellt und starre nun geschockt von meinem Zettelchen auf die Preise und wieder zurück. Ich wusste, dass Lebensmittel in Australien teurer sind, aber dieser Zustand würde die Dauer meiner Reise erheblich einschränken.

Zurück im Hostel setze ich mich in die Küche, die auch als Aufenthaltsraum dient, als mich ein blondes Mädchen mit kurzen Haaren auf Deutsch fragt, ob sie sich zu mir setzen kann. So verloren, wie sie wirkt, bin ich wohl ein leichtes Opfer, um Kontakt zu knüpfen. Sie ist Anfang zwanzig und schießt sofort mit einer Liste an Fragen los, die sich in ihrem Kopf angesammelt haben. Ob ich wüsste, wo der nächste Supermarkt ist. Wo sie Wäsche waschen könne und wann die Check-out-Zeit am Abreisetag sei. Wie ich das mit dem Internet geregelt und was ich heute geplant hätte. Zum ersten Mal an diesem Tag fühle ich mich nicht wie eine absolute Niete und Anfängerin, denn ich kann ihr all diese Fragen beantworten. Trotzdem engt sie mich ein wenig ein, und ich frage mich, wie sie es allein ans andere Ende der Welt geschafft hat. Vor allem bei ihrer letzten Frage bleibe ich vage. Ich habe vor, mir heute den botanischen Garten und natürlich die Oper von Sydney anzuschauen, und brauche noch Zeit mit mir selbst, um richtig anzukommen und meine Gedanken zu sortieren. Also behalte ich diesen Plan für mich und werde auch bald von einer weiteren Deutschen mit braunen Locken erlöst, die sich meiner Sitznachbarin annimmt und sie mit zum Supermarkt schleppt. Sie haben sich schon am Vortag im Flugzeug kennengelernt. Cathrin, die Braunhaarige, scheint eher in meinem Alter zu sein und nimmt sich unseres etwas hilflos wirkenden Kükens an. In Gedanken danke ich ihr dafür, denn für solch einen Wust an Fragen war ich nervlich nicht gerüstet.

Zwei Stunden später bin ich ausgerüstet, als ginge es zu einer Wanderung durch den Himalaya: Ich trage meine neuen Wanderschuhe (die ich selbstverständlich zu Hause bereits eingelaufen habe), eine praktische kurze Hose, ein hochgeschlossenes weißes T-Shirt mit Ärmeln (um mich trotz Hitze vor der gefährlichen Sonneneinstrahlung zu schützen) sowie meine Kappe und Unmengen an Sonnenmilch mit Lichtschutzfaktor 50. Mein Rucksack ist mit einer Flasche Wasser, meiner Kamera und einer Karte von Sydney bepackt und gemeinsam machen wir uns auf den Weg durch die Großstadt. Dieses Wort bekommt schon unterwegs eine ganz neue Bedeutung für mich. Verstärkt durch den Jetlag und das dadurch entstehende Nebelgefühl in meinem Kopf kommt mir alles überdimensional groß vor: die Straßen, die Autos, die riesigen LED-Leinwände, auf denen von Coca-Cola bis zu deutschen Autos alles in rasantem

Tempo beworben wird, und die Massen an Menschen – hauptsächlich Backpacker und Touristen –, die in beide Richtungen an mir vorbeiströmen.

Im botanischen Garten angekommen, atme ich auf. Hier ist es nicht nur still, sondern auch fast menschenleer. Der Weg durch den Garten führt mich an den Hafen, und nach einem Stück auf der geschlängelten Promenade erhasche ich den ersten Blick über das Wasser auf das wohl berühmteste Wahrzeichen Australiens, die Sydney Opera. Der Anblick, auf den ich nun ein halbes Jahr hingefiebert habe. Alle paar Meter bleibe ich stehen, um ein weiteres Foto aus einer neuen Perspektive zu schießen. Irgendwann habe ich es geschafft und klettere die letzten Stufen zur Oper hinauf, auf der sich Touristen in verschiedensten Foto-Posen tummeln.

Schon zum zweiten Mal an diesem Tag erwischt mich ein Gefühl, das ich gerade hier nicht erwartet habe: Enttäuschung. Ich stehe unter den weißen Flügeln der Oper, die auf Bildern so prunkvoll und erhaben wirkt, und bin enttäuscht. Die Dächer sind schmutzig und von Nahem wirken sie nicht besonders prunkvoll und beeindruckend. Ich hatte gedacht, der Mund würde mir offen stehen bleiben und Tränen der Freude würden mir in die Augen schießen, weil ich endlich hier bin – aber alles bleibt trocken.

Am folgenden Morgen wache ich etwas ernüchtert auf und schaue auf die Kommentare von Freunden, die sie mir auf dem Blog hinterlassen haben. Der Zeitunterschied bekommt so etwas Tröstendes: Abends habe ich mich über meinen ersten Tag ausgelassen und nicht mit Details gespart. Während ich geschlafen habe, ist der Tag in Deutschland vorübergegangen, und mich erwarten jetzt aufmunternde Worte. Und während ich das Erstaunen über die hohen Preise und die Motivations-Schlachtrufe lese, kommt mir ein komischer Gedanke… Zwei Klicks durch das Internet später bestätigt sich mein Verdacht, und ich muss in mein Kissen lachen, um die anderen nicht zu wecken. Mit rotem Gesicht tippe ich einen kurzen Eintrag auf den Blog: Meine Umrechentabelle war verdreht. Irgendwie hatte ich den Kurs falsch notiert, und was auf meiner Tabelle verstörend wirkte, war in Wirklichkeit nur halb so schlimm.

Sehr schnell holt mich hier in Australien die erste Erkenntnis der Reise ein: Sich selbst kann man nicht zu Hause lassen. Selbst mein kleines Trottelsyndrom folgt mir bis hierher, und ich bin sicher, auf dieser Reise wird es immer wieder dafür sorgen, dass die Lacher auf meiner Seite sind und sich Menschen fragen werden, wie ich es überhaupt auf die andere Seite der Erde geschafft habe. Das Gefühl, die Kontrolle zurückerobert zu haben, erfüllt mich, und ich erkenne, wie sehr ich mich daran festklammere, alles durchgeplant zu haben. Genau zu wissen, wie ich die Probleme, die hier auf mich zukommen könnten, bewältigen werde. Nun ist zum Glück alles wieder so wie es sein soll. Irgendwie baut mich das auf und der neue Tag wirkt nicht mehr so grau. Zeit, dem Ganzen eine zweite Chance zu geben.

Nachdem der Nebel sich aus meinem Kopf verzogen hat und der blaue Himmel mit der strahlenden Sonne die Endorphine in meinem Körper mobilisiert hat, merke ich, wie ich mich langsam eingewöhne. Die ersten Tage in Sydney erkunde ich, so viel ich kann, zu Fuß und warte vergebens auf einen Tag mit Regen oder zumindest bewölktem Himmel, damit ich eines der großen Museen besuchen kann. Ich gewöhne mich an die »neuen« australischen Preise, mit denen ich nach meinem ersten Besuch im Supermarkt und dem Schock nun sehr gut leben kann, und probiere mich durch die vielen Cereal-Arten, die hier in amerikanischem Stil und Größe angeboten werden. Ein-Kilo-Packungen mit Cornflakes, Nougat-Bits, Corn-Pops und ihren unzähligen Ablegern lachen mich aus den Regalen an.

Abends koche ich mir meist Nudeln in Form von Dinosauriern, gemischt mit Tomaten, Zucchini und Sour Cream, und lasse den Tag am Laptop ausklingen, indem ich meine vielen Eindrücke auf dem Blog verewige. Ein Kakadu, der heute Morgen ganz selbstverständlich auf einem Strommast saß, der große Wegweiser mit den Schildern in Richtung vieler Städte überall auf der Welt, der mich an die 16 000 Kilometer erinnert, die mich von Frankfurt trennen – alles landet auf meinen Seiten im Netz.

Die Eindrücke sind zahlreich und vielfältig, aber trotzdem schleicht sich so etwas wie Routine in meinen Hostel-Alltag ein. Meine Haut ist dank der stetig erneuerten Sonnenmilch noch immer hell wie Weißbrot, und ich fange an mich zu fragen, ob mein Versteckspiel mit dem bösen Ozonloch wirklich die geschickteste Strategie ist, um braun zu werden. Jeden Morgen führe ich den gleichen heimlichen Kampf mit mir selbst: Die Auswahl an Unternehmungen hier ist grenzenlos, und meine Entscheidungsfähigkeit, die generell schon mies ist, wird noch härter auf die Probe gestellt. Ich möchte die geplante Woche hier allerdings auch nicht ausdehnen, denn an ihrem Ende winken die Blue Mountains, die ich kaum erwarten kann. Regenwald. Dschungel.

Das alles klingt wunderbar exotisch und ist vor der Kulisse der Großstadt gerade nur schwer vorstellbar. Die Blauen Berge liegen nur eine Stunde von Sydney entfernt und ein Zug wird mich dorthin bringen.

Auch wenn die erste Enttäuschung an der Sydney Opera ein harter Brocken war, reißt meine Begeisterung für die weiteren Highlights nicht ab. Jeder Tag hier unten fühlt sich an wie eine Woche zu Hause. Jedes Mal, wenn ich an einen neuen Ort oder eine neue Sehenswürdigkeit komme, fühle ich mich wie ein Kind kurz vor Weihnachten. Ich bin vollkommen versunken in diese neue Welt, und mein altes Leben fühlt sich an, als wäre es genau das, was es ist: 16 000 Kilometer weit weg. Es fällt mir schwer, mich daran zu erinnern, wie es war, jeden Tag in die Arbeit gehen zu müssen. Nach dieser kurzen Zeit ist das relativ absurd, aber mein Kopf scheint mein altes Leben erst mal beiseitegeräumt zu haben, um Platz für die vielen neuen Eindrücke zu schaffen. Auch wenn ich mich irgendwie schuldig dabei fühle, vermisse ich nichts. Dafür ist auch gar keine Zeit. Ob das in ein paar Wochen alles völlig normal sein wird? Werde ich mich irgendwann auch mal langweilen in diesem riesigen Abenteuerpark, der sich Australien nennt? Momentan kann ich es mir nicht vorstellen.

Ebenso wenig, dass ich mich jemals an die unglaubliche Freundlichkeit der Australier gewöhnen werde. Als ich gestern einen Mann auf der Rolltreppe fast umgerannt hätte, ließ er mich höflich vorbei. Im ersten Moment wollte ich mich fast ducken, um mir eine Standpauke abzuholen, aber sie blieb komplett aus. Im Supermarkt werde ich an den Kassen angelächelt und in jedem zweiten Geschäft nennt man mich entweder

»Darling« oder »Honey«. Auf diese Art verhätschelt zu werden lässt mich sehr schnell heimisch fühlen.

Dennoch ist längst nicht alles rosarot. Ist die Gelassenheit der Australier auf Rolltreppen sehr angenehm, treibt sie mich an den Supermarktkassen fast in den Wahnsinn. Sämtliche Einkäufe werden von den Kassierern eingepackt und bei spätestens fünf Objekten wird eine neue Tüte genommen. Ich weiß, es ist die deutsche Ungeduld, die mich treibt, und ich sollte sie eigentlich ablegen, aber ich möchte jedes Mal schreien. Zum ersten Mal in meinem Leben erkenne ich, was es heißt, einer Kultur und ihren Gepflogenheiten anzugehören und nichts anderes zu kennen. Wir sind so festgefahren in unseren Eigenheiten und so sehr daran gewöhnt, dass sie uns gar nicht mehr auffallen: Pünktlichkeit. Effizienz. Danach wird in Deutschland alles optimiert.

Was mich anfangs genauso verwirrt, sind die hohen Bananenpreise. Bald wird auch mir klar, was der Grund dafür ist: Die Überschwemmungen im Januar haben an Australiens Ostküste sämtliche Bananenplantagen vernichtet, was die Preise ins Unermessliche schießen lässt. Auch das erlebe ich zum ersten Mal mit: Naturkatastrophen, die das tägliche Leben beeinflussen, selbst wenn es nur um Bananenpreise geht. An allen Kassen der Supermärkte stehen Spendendosen für die Betroffenen, die bei der Überschwemmung ihr Zuhause und ihren Besitz verloren haben. Es ist merkwürdig, jedes Jahr im Fernsehen zu beobachten, wie Teile Australiens überschwemmt werden, und nun auf einmal ganz direkt zu sehen, wie groß die Auswirkungen sind.

Woran ich mich leider noch nicht gewöhnen kann, das ist die fremde Sprache. Ich verstehe es selbst nicht.

Bisher hat mein Englisch durchaus für einfache Unterhaltungen ausgereicht, aber momentan plagt mich eine richtige Blockade. Ich scheue mich zu sprechen, und immer wenn ich es versuche, ist mein Kopf vollkommen leer. Die Worte fehlen mir, ich stottere herum und breche deshalb immer wieder mit rotem Kopf ab. Ich fühle mich wie eine Idiotin, doch je mehr ich mich anstrenge, desto schlimmer wird es. Zum Glück ist mein Hostel voller Deutscher, was für die Lösung des Problems zwar nicht gerade hilfreich ist, mir das Leben aber zumindest ein wenig erleichtert.

Als ich wieder einmal morgens im Supermarkt an der Kasse stehe, im Arm Tomaten, Obst und ein Vollkornbrötchen, das sich in Deutschland für seinen Namen schämen müsste, höre ich von hinten meinen Namen. Kirsten, meine Sitznachbarin vom Flug von Malaysia nach Sydney, steht ebenfalls in der Schlange. Selbst hier in Australien ist die Welt ein Dorf. Wir unterhalten uns kurz und stellen fest, dass wir für den Tag den gleichen Ausflug geplant haben: den *Lonely Planet*-Wander-Tipp nach Manly. So beschließen wir, ihn gemeinsam in Angriff zu nehmen. Wir laufen zum Circular Quay und nehmen dort die Fähre, die uns direkt an den berühmten Bondi Beach bringen soll.

Der Ausblick vom Schiff beim Verlassen des Hafens ist unbeschreiblich. Unter strahlender Sonne und blauem Himmel zeigen sich die Sydney Opera, die Harbour Bridge und eine Kolonne an Segelschiffen in ihrem schönsten Glanz. Es kommt mir vor, als wäre ein Hochglanzmagazin vor meinen Augen zum Leben erwacht, und meine Kamera ist die gesamte Überfahrt lang in Betrieb. Aus der Ferne betrachtet sieht nun selbst die Oper gar nicht so schlecht aus. Als dieser Anblick hinter uns liegt, sehen wir das gesamte weitläufige Hafengebiet, das von wunderschönen Buchten durchzogen ist. Hier erkenne ich zum ersten Mal die beeindruckende Größe Sydneys. Die Skyline wird nach und nach von wunderschönen Häusern abgelöst und diese dann von einer zerfurchten Klippenlandschaft, die man mit der in Irland verwechseln könnte. Wunderschöne Steilküsten, an denen in Waldgebieten versteckt großzügige Häuser erbaut wurden, meist in Buchten mit kleinen Anlegehafen, die das idyllische Bild perfektionieren. Ich ertappe mich kurz beim Gedanken, hier sesshaft zu werden, und schüttele ihn gleich wieder ab.

Dieser Ausflugstag mit Kirsten war nicht die letzte Situation, in der ich ungeplant Gesellschaft bekomme. Gleich am nächsten Morgen setzen sich wieder zwei Backpackerinnen zu mir an den Tisch, und gemeinsam diskutieren wir geplante Reiserouten und die besten Strategien, um Australien zu erobern. Letztendlich verunsichern wir uns nur gegenseitig. Ist es sinnvoll, jetzt die Ostküste zu bereisen, während die Schäden der Überschwemmungen noch so groß sind? Welche guten Alternativen gibt es?

Mit dem spontanen Wunsch nach Einsamkeit verschwinde ich in eine ruhige Ecke und hinterlasse meine Verwirrung erst einmal auf dem Blog. Er ist mittlerweile mehr geworden als nur mein Sprachrohr zu Freunden und Familie. Hier kann ich meine Gedanken ordnen, meine Erinnerungen sammeln, die viel zu schnell in der Fülle untergehen, und mir meine Sorgen von der Seele schreiben.

So erleichtert ich in den ersten Tagen war, hier im

Hostel niemals richtig allein zu sein, so belastend ist es nun manchmal. Allein am Tisch zu sitzen und am Laptop zu schreiben vermittelt scheinbar vielen anderen den Eindruck, ich wäre einsam, und ich bekomme sofort Gesellschaft. Natürlich bin ich froh darum, aber so fehlt mir manchmal auch die Zeit, um in Ruhe über die jüngsten Ereignisse nachdenken zu können und mir zu überlegen, was meine nächsten Schritte sein sollen.

So stolpere ich von einem Tag in den nächsten. Für die meisten Menschen wäre das die Traumvorstellung. Nicht für mich. Ich habe schon immer viel Zeit mit mir allein gebraucht, um Dinge Revue passieren zu lassen und zu verarbeiten. Hier, mit dieser Masse an Eindrücken und Erlebnissen, brauche ich diese Zeit umso mehr. In meiner ersten Woche in Sydney habe ich bereits mehr erlebt als in den letzten drei Monaten in Deutschland. Es ist überwältigend. Mit Spaziergängen verschaffe ich mir den Freiraum und die Zeit zum Nachdenken, die mir den Tag über zwischen den ganzen Aktivitäten und der Geschäftigkeit des Entdeckens oft fehlt. Ich weiß nicht genau, wohin es weitergehen soll, aber ich beschließe endgültig, dass die Ostküste momentan keine Option ist. Drei Monate habe ich zu Hause in die Planung meiner Route investiert, und drei Tage hat es gebraucht, um sie hier komplett über den Haufen zu werfen. Welche Ironie.

Das Interessanteste daran ist, wie leicht mir diese Entscheidung fällt. Ich trauere keine Minute über die verlorene Zeit für Recherche und Planung, stattdessen bin ich voller Vorfreude, nun von vorne anfangen zu können. Ich erkenne langsam, dass Planung mir nicht nur ein Gefühl von Sicherheit vermittelt, sondern auch sehr viel Vorfreude. Es geht gar nicht so sehr darum, alles akribisch festgelegt zu haben und dann diesem Plan zu folgen. Festzulegen, was vor mir liegt und worauf ich mich alles freuen kann, erfüllt mich mit Aufregung und einem Kribbeln bis in die Fußspitzen. Manche lieben Überraschungen, ich liebe die Vorfreude auf ein besonderes Ereignis oder einen besonderen Ort.

Also ist mein Ersatzplan nun, zuerst Melbourne anzuschauen und mir dort auch einen Job zu suchen. So ziehe ich eine meiner geplanten Arbeitsetappen vor, um anschließend ausgiebig bei besseren Gegebenheiten die Ostküste bereisen zu können. Zuvor steht allerdings noch ein großes Highlight auf dem Plan: Beim Frühstück habe ich Cathrin wiedergetroffen, das Mädchen mit den braunen Locken, das ich schon in den ersten Tagen im Hostel gesehen habe und mit dem ich die Blue Mountains erobern werde. Sie ist Berlinerin, wie ich letzte Woche in Sydney angekommen und für sechs Monate hier in Australien. Über Wassermelone und Joghurt überlegen wir uns, einen Museumstag einzulegen, da die Wettervorhersage Regen angekündigt hat.

Trotz der saftigen Eintrittspreise gehen wir ins Australian Museum, das nur fünf Minuten von unserem Hostel entfernt liegt. Es ist jeden Cent wert. Zum ersten Mal beschäftige ich mich wirklich mit der Geschichte Australiens und vor allem mit der seiner Ureinwohner. Angefangen bei der Geschichte der Aboriginal People, bekommen wir einen wirklich guten Einblick in die Vergangenheit Australiens. Bei der Geschichte über die Stolen Generations steckt mir ein dicker Kloß im Hals, so bewegend ist vieles dargestellt. Kinder der Aboriginal People wurden nach Eintreffen der Engländer einfach aus ihren Familien gerissen und in sogenannte katholische Erziehungsheime gebracht. Dort versuchte man, ihnen das christliche Leben anzuerziehen. Die Rechtfertigung dafür war, dass Aboriginal People nicht das gleiche Verständnis von Familie und die Mütter keine emotionale Bindung zu ihren Kindern hätten. Die Grausamkeit und Ignoranz, die dahinterstecken, schockiert mich, und mir wird bewusst, dass jedes Land schwarze Flecken in seiner Geschichte hat.

Südost-Australien und die Frage »Wer will ich sein?«

Die Tat unterscheidet das Ziel vom Traum.

Unbekannt

Nach diesem emotional anstrengenden Tag freue ich mich am nächsten wieder auf die Abwechslung des Reisens. Vorne und hinten mit Rucksäcken beladen wandern Cathrin und ich zum Zug, der uns in wenigen Stunden mitten in die Blue Mountains bringt. Kaum in unserem Abteil angekommen, werden wir von einem älteren Herrn angesprochen, der auch Deutscher ist und seit über zwanzig Jahren hier lebt. Man merkt ihm an, wie sehr er es genießt, in seiner Muttersprache davon zu erzählen, auch wenn er häufig nach Worten sucht. Franz kommt eigentlich aus Münster, hat hier einen Job angenommen, und als dieser beendet war, weigerte sich seine Frau, nach Deutschland zurückzukehren. Ich bilde mir ein, aus diesem letzten Satz ein wenig Unmut herausgehört zu haben. Beherzt drückt er Cathrin zum Ende des Gesprächs seine Telefonnummer in die Hand, »falls wir etwas brauchen sollten«, und lässt uns etwas verdutzt zurück.

Ich hatte schon häufiger gelesen, dass Australier schnell anbieten, sie zu besuchen oder zu helfen, selbst wenn man sie gerade erst kennengelernt hat. In der Realität bin ich bei solch unerwarteter Hilfsbereitschaft als Deutsche erst mal etwas misstrauisch, was ich sehr bedauerlich finde. Wir sind so sehr auf Leistung und Gegenleistung fixiert, dass wir eine nette Geste sofort argwöhnisch betrachten und nach Hintergedanken suchen.

In unserem Hostel angekommen, werde ich sofort mit dem nächsten kulturellen Unterschied konfrontiert. Wir teilen den Schlafraum unter anderem mit einer Asiatin, die sich mitten im Zimmer auf einer Zeitung die Fußnägel abknipst. Fluchtartig verlassen wir das Hostel wieder, um die Gegend zu erkunden. Der Weg in Richtung Aussichtsplattform der Blue Mountains führt uns einen weiteren Berg hinunter, entlang einer einspurigen Straße, die so breit ist wie eine Autobahn. In Australien sind nicht nur die Städte überdimensional groß. Nach etwa dreißig Minuten Fußweg kommen wir am Aussichtspunkt an, dem Echo Point. Hier versinke ich in den unglaublichen Ausblick über kilometerweiten Regenwald, der durch die Ausdünstungen der Eukalyptusbäume in blauen Schimmer getaucht ist, woher die Berge auch ihren Namen haben.

Ein kleines Infoblatt, das wir im Besucherzentrum am Eingang mitgenommen haben, erzählt die Geschichte der drei Aborigine-Schwestern, die als Strafe ihres Vaters versteinert über den Blue Mountains stehen. Die »Three Sisters« zieren jedes bekannte Foto der Blue Mountains – nun also auch meine.

Nachdem wir den farbenfrohsten Sonnenuntergang

erlebt haben, den ich je gesehen habe, treibt uns die prompt einsetzende Kälte zurück ins Hostel.

Dieser vollkommene Tag wird abends ein wenig gedämpft, als ich mir in der Dusche den Zeigefinger einklemme und die Fingerkuppe verletze. Blutend und einhändig schaffe ich es, mich in meine Kleidung zu manövrieren und zu meiner Reiseapotheke, um mich mit einem Druckpflaster zu verarzten. Die Verletzung ist nicht schlimm, das Gefühl dabei ist schlimmer. Zum ersten Mal fühle ich mich einsam. Niemandem erzählen zu können, was passiert ist, und sich nirgends eine Portion Trost abholen zu können lässt mich kurz in Heimweh versinken.

Zum Glück habe ich Cathrin, die sich mit mir und zwei Tassen Kakao auf Sesseln niederlässt und die Aufgabe der Tröstenden übernimmt. So verschwindet später auf dem Weg ins Bett der kurze Anflug von Heimweh und wird durch ein Schmunzeln ersetzt. Haie, Schlangen und Spinnen hatte ich gefürchtet – aber letztendlich passieren die meisten Unfälle doch im Haushalt.

Trotz des angekündigten Regens am nächsten Tag starten wir gut ausgerüstet in Richtung Blue Mountains. Die Stimmung überwältigt uns, schon kurz nachdem wir den Wanderweg in die Tiefen des Regenwaldes betreten haben, völlig. Dunkler, mystischer Dschungel und gerade noch genug Licht, um nicht düster zu wirken, hohe Bäume und überall riesige Farnbüsche. Ich sehe so etwas zum ersten Mal und bin völlig fasziniert. Die Geräuschkulisse ist genauso unbeschreiblich. Sämtliche exotischen Vögel scheinen sich hier im Schutz der Wälder so richtig auszutoben, und immer wieder bleibe ich minutenlang stehen, um die Gesänge einzusaugen.

Unsere Blicke schweifen umher, um bloß nichts zu verpassen, und wir entdecken in den vom Regen sichtbar gemachten Spinnenweben auch schnell die Art von Spinnen, vor denen wir immer wieder gewarnt wurden. In diesem Moment rufen sie allerdings weniger Furcht als Neugier hervor.

Ich fühle mich wie ein Kind, das die Welt zum ersten Mal richtig sieht. Und ein klein wenig ist es ja auch so. Die Flora fasziniert mich genauso wie das ungewohnte Vogelgezwitscher. Fast alle Bäume schälen sich wie Schlangen. Ich glaube nicht, dass sie krank sind, aber ich frage mich dennoch, warum sie das tun. In meinem Kopf türmen sich unzählige Fragen, die alle mit »Warum?« beginnen.

Wegen der hohen Luftfeuchtigkeit sind wir in kürzester Zeit komplett durchweicht, und meine Brille beschlägt so stark, dass ich sie abtrocknen muss, um weitergehen zu können.

Nachdem wir unten im Tal angekommen sind, geht es zu unserem Zielpunkt, dem Scenic Railway. Dort befindet sich auch die Bahnstation einer Seilbahn, die uns wieder nach oben bringen würde. Leider merken wir bald, dass es hier unten im gemütlich feuchten Boden viele unangenehme Gäste gibt, und so müssen wir immer wieder haltmachen, um Blutegel von unseren Schuhen zu kratzen. Immerhin haben wir zuvor schon unsere Wandersocken über die Hose geschlagen, und so brauchen wir uns keine Sorgen zu machen, dass sie irgendwann auf Nahrung treffen. Besonders stylish sehen wir damit nicht aus – nicht dass das irgendeine Rolle spielen würde.

Einer der Vorteile, die das Reisen mit sich bringt, ist,

dass sich mein Schubladendenken zunehmend auflöst. Ohne mir dessen so stark bewusst gewesen zu sein, steckte ich Menschen auf den ersten Blick in bestimmte Kategorien. Der Anzugträger, der Punk, die Angepasste, die Aufmerksamkeitssüchtige… Mit jeder Person, die ich auf der Straße sehe, verbinde ich gewisse Attribute, weil ich Teil einer Gesellschaft bin, die diese Typen festlegt.

Hier in Australien fühlt es sich so an, als sei ich als Reisende eher so etwas wie eine Nebendarstellerin in der Gesellschaft. Ein Extra, das kommt und geht. Dadurch gehören wir Reisende in keine der üblichen Schubladen und bilden unsere eigene. Und in der gibt es so viele unterschiedliche Typen aus aller Welt, dass schnell klar wird: Das Aussehen spielt eigentlich keine Rolle mehr. Wo du warst, wie lange du schon unterwegs bist und noch sein wirst, solche Themen bestimmen nun unsere Schubladen. Urlauber, Kurzzeitreisende, Langzeitreisende, Frischling oder Profi? Was ich dabei trage, interessiert niemanden. Ein befreiendes Gefühl, einfach morgens das aus dem Rucksack ziehen zu können, was bequem ist, ohne auf die Wirkung achten zu müssen. Es war mir nie bewusst, wie viel ich ständig darüber nachgedacht habe, wie ich mich kleidungstechnisch möglichst gut anpassen kann.

Nachdem die Stimmung durch die fiesen Blutegel und das ständige Anhalten, um sie von unserer Kleidung zu entfernen, schon ordentlich gedämpft ist, verlässt mich vollends der Spaß am Regenwald, als ich auf einem großen, glitschigen Stein ausrutsche und knackig auf die Seite falle. Ein blauer Fleck mehr in meiner Sammlung.

Zurück im Hostel, geht es für mich auf direktem Weg in die Dusche, wo die nächste unliebsame Überraschung auf mich wartet: Meine Hose und mein T-Shirt sind am Steißbein stark verblutet, und ich versuche panisch, meinen Rücken abzusuchen. Wäre ich nicht so beschäftigt, würde ich wohl laut lachen über den Anblick, den ich biete: Wie eine Katze, die ihren Schwanz jagt, verbiege ich mich, um meinen Rücken sehen zu können. Anscheinend hat ein Blutegel die Gelegenheit meines Sturzes genutzt und sich eine gemütliche Stelle für sein Abendessen gesucht. Zum Glück habe ich ihn inzwischen schon wieder irgendwo verloren, denn geblieben ist nur eine stecknadelkopfgroße Wunde, die stetig vor sich hin tropft. Nach dem Duschen bastele ich also bereits meinen zweiten kleinen Druckverband und hoffe, dass er die Blutung schnell stillt.

Dieser unscheinbare Moment bringt mich kurz an meine Grenzen. Ich mutiere zu einer Fünfjährigen, die nach ihrer Mami rufen und sich trösten lassen will. Ein kurzer Schwall von Einsamkeit überkommt mich. Anscheinend komme ich nicht gut mit solchen unvorhersehbaren Ereignissen zurecht. Mein Kopf geht sofort checklistenartig durch, welche Erkrankungen eventuell von einem Blutegel übertragen werden können. Da kommt kurz die Krankenschwester in mir durch. Das Fazit meiner ersten Woche in der Wildnis Australiens liegt klar auf der Hand: Ich brauche dringend einen größeren Pflastervorrat!

Melbourne

Nach meinen ersten Abenteuern in der Wildnis geht es weiter in die nächste Metropole, nun wieder allein, da Cathrin und ich bereits unterschiedliche Flüge nach Melbourne gebucht hatten. Zurück in Sydney, steige ich direkt ins Flugzeug. Allerdings erwartet mich dort eine ganz andere Art von Wildnis. Das Hostel, das ich im Zentrum gebucht habe, ist eine Massenabfertigungsanlage. Sieben Stockwerke mit unzähligen Schlafsälen. In meinem angekommen, muss ich erst einmal nach Luft schnappen, es ist das pure Chaos. Der Boden, auf dem ich in der offenen Tür stehe, ist die einzige Stelle im Raum, an der ich den Teppich überhaupt sehen kann. Die Betten sind zugemüllt mit Klamotten, Rucksäcken und Tüten. Die Möbel sind grau in grau, ebenso wie der unsichtbare Boden, das Fenster eröffnet den Blick auf die nächste Hauswand 50 Zentimeter weiter.

Ich schaffe es gerade noch, meinen Rucksack abzuladen, bevor ich das Hostel niedergeschlagen und demotiviert wieder verlasse. Eine tiefe Traurigkeit überkommt mich, und ich fühle mich nicht nur fremd an diesem Ort, sondern auch schon wieder einsam. Ich hatte mich an die Gesellschaft der letzten Tage gewöhnt, und seit dem Abschied von Cathrin in Sydney komme ich auch schlecht mit der Umstellung zurecht. Das Hostel gibt mir nun den Rest. Deprimiert laufe ich die wenigen Meter zum Federation Square, dessen Anblick mich ein wenig tröstet. Der Himmel strahlt wie immer, und die schöne Architektur des großen Platzes und der Kirche dahinter lässt mich kurz vergessen, wo ich heute Nacht mein

Lager aufschlagen muss. Ich überlege kurz, mich ins Starbucks-Café an der nächsten Straßenecke zu setzen, um wenigstens ein wenig Heimatgefühl vorzutäuschen, entscheide mich dann aber für ein Eis in der Sonne und versuche, mich aus der Suppe meines Selbstmitleids herauszuziehen.

Wie geht es nun weiter? Ich könnte das Hostel stornieren und mir eine neue Unterkunft suchen, allerdings war es ohnehin schon das mit den besten Bewertungen. Außerdem liegen alle anderen Unterkünfte weitab und sind in der Hochsaison größtenteils ausgebucht. Ich beschließe, erst einmal zu bleiben, das Beste aus der Lage zu machen und später nach einem Zimmerwechsel zu fragen.

»Carina, du bist kein Jammerlappen, also hör auf, dich in Selbstmitleid zu baden! Was kannst du tun, um diese Situation zu verändern oder zu verbessern?« Während ich mir diese Sätze vorsage, als würde ich sie an jemanden richten, der mir gegenübersitzt, gehe ich meine Möglichkeiten durch. Da läuft plötzlich Cathrin auf mich zu. Sie hat einen anderen Flug genommen und ist nun auch hier angekommen. Sie ist genauso unglücklich wie ich, und wir klagen uns nun gegenseitig unser Leid über die schlechte Hostel-Situation. Dass es ihr nicht besser ergeht, bestätigt mich darin, in meinem Hostel zu bleiben. Wir verabreden uns für den nächsten Tag und ich ziehe mich widerwillig zurück in meine Unterkunft.

Beim Abendessen in der riesigen Hostel-Küche entdecke ich ein großes Mitteilungsboard an der gegenüberliegenden Wand und stöbere durch die Aushänge. Cathrin und ich hatten in unserer Verzweiflung überlegt, einen Camper zu mieten und in den nächsten Tagen die Great Ocean Road entlangzufahren. Allerdings würde das so spontan ein ziemliches Loch in unsere Reisekasse reißen. Obwohl ich anfangs ein starkes Bedürfnis danach hatte, allein zu sein, und die Zeit für mich immer noch brauche, empfinde ich den Gedanken, mit Cathrin weiterzureisen, als beruhigend. Bei den ganzen emotionalen Achterbahnfahrten und den unerwarteten Momenten der Einsamkeit, die mich immer wieder überkommen, fühlt es sich einfach gut an zu wissen, dass da jemand ist, bei dem ich ein wenig jammern kann, wenn mir danach ist.

Ich liebe es, Reisen zu organisieren, aber gerade wäre ich sicher überfordert davon, alles allein planen zu müssen. Wenn ich müsste, könnte ich es. Aber genau das ist der entscheidende Punkt: Ich muss es ja nicht. Schließlich kann ich jederzeit entscheiden, allein weiterzureisen. Aber im Moment möchte ich Cathrins Gesellschaft nicht missen und bin dankbar dafür, dass ich sie vor einer Woche kennengelernt habe. In diesem Moment sticht mir ein kleiner gelber Zettel an der Pinnwand ins Auge: Tatjana, eine Deutsche, hat einen eigenen Camper und will in zwei Tagen genau unsere Route antreten. Sie hat ein Zelt und Platz für zwei Mitreisende. Das klingt fast zu schön, um wahr zu sein, was Kosten und Unkompliziertheit angeht. Kurz per Mail erst mit Cathrin und dann mit Tatjana ausgetauscht, verabreden wir uns für den folgenden Abend auf der Dachterrasse unseres Hostels, um uns ein wenig zu beschnuppern.

Great Ocean Road

Zwei Tage, ein storniertes Hostelzimmer und einen neuen Schlafsack später sitze ich neben Cathrin im Camper von Tatjana auf dem Weg Richtung Great Ocean Road. Das Stimmungstief sowie der Plan, mir hier einen Job zu suchen, sind vergessen und durch eine neue Ladung Endorphine ersetzt worden. Das Leben auf Reisen und seine Unberechenbarkeit fangen an mir zu gefallen.

Die folgenden Tage verbringe ich mit verträumtem Aus-dem-Fenster-Starren und Spaziergängen an den vielen Stopps, die wir einbauen. Mein Kopf kommt noch nicht wirklich mit dem schnellen Wechsel der Gegebenheiten, den vielen Erfahrungen und Ereignissen zurecht, die sich schneller anhäufen als Kisten vor einem zu langsamen Fließband.

Am Abend vor unserem Reisestart hatte ich noch auf einer riesigen Wiese gesessen und einem kostenlosen Open-Air-Konzert des Melbourne Symphonie Orchestra gelauscht. Nun blicke ich auf das Tor zur Great Ocean Road in Torquay und links auf die ersten Surfer in den tosenden Wellen des Ozeans. Es ist fast unbegreiflich, wie schnell sich hier Situationen, Stimmungen und Erfahrungen verändern. 24 Stunden sind vergangen und es fühlt sich an wie Wochen. Diese extremen Erfahrungen versetzen mich in Staunen und unglaubliche Dankbarkeit, all das erleben zu dürfen. Ich möchte mich immer wieder selbst kneifen, so unglaublich wirkt alles. Wir halten an, wo es uns gefällt, und übernachten auf den vielen Campingplätzen entlang der B 100, der Great Ocean Road. Nach drei Tagen kommen wir in den

Otway National Park und der Anblick der Küste wird abgelöst von grünem Regenwald.

Als wir nach mehreren Stunden Fahrt eine Biegung der durch die Wälder geschlängelten Straße nehmen, sehen wir geparkte Autos an der Seite und Menschen, die in Richtung der Baumwipfel starren. Wir halten an und reihen uns in die Autokette ein. Ich sehe zunächst nichts außer Eukalyptusblättern in einigen Metern Höhe, als sich mein Blick plötzlich schärft und ein graues Knäuel entdeckt. Ein eingerollter Koala sitzt auf einer Astgabel und schläft. Mein Herz füllt sich mit Glücksgefühlen, und ich merke, wie mein Gesicht strahlt. Mein allererster Koala.

Schnell zeigt sich, dass es heute nicht bei diesem einen bleiben wird. In den umliegenden Bäumen hat sich eine ganze Familie niedergelassen, alle bewegen sich kaum. Das ist nicht besonders verwunderlich, wenn man bedenkt, dass diese kuscheligen Gesellen täglich zwanzig Stunden schlafen und nur selten aufwachen, um ihre Zeit mit dem Fressen von Eukalyptusblättern zu verbringen. Trotzdem hätte ich gerne einen von ihnen in diesem kleinen Zeitfenster erwischt. Und ich habe Glück! Wenige Meter weiter sitzt einer nur etwa fünf Meter über meinem Kopf und kaut genüsslich an einem Blatt, das er direkt neben sich vom Ast gezupft hat. Die Faulheit strömt ihm aus allen Poren. Leider nicht nur sie. So nah dran merke ich nun auch, was die einseitige Ernährung bewirkt: Er stinkt fürchterlich. Man möchte annehmen, der Eukalyptusgeruch müsste sie noch anziehender machen, aber irgendetwas in ihrem Stoffwechsel möchte wohl vermeiden, dass sie ihrem Status als ideale Kuscheltiere gerecht werden. Ich halte den Gestank kaum aus und nehme nach ein paar Schnappschüssen wieder Sicherheitsabstand.

Nach einer Stunde voller Anschmachten verabschieden wir uns von den Koalas und suchen uns einen Schlafplatz für die Nacht, der mitten im dunklen Regenwald liegt. Von den vielen Eindrücken geplättet, verziehen wir uns nach dem Essen zügig in die kuscheligen Schlafsäcke.

Die nächsten Tage schlängeln wir uns bei nebligem, mystischem Wetter von einem Aussichtspunkt der berühmten Zwölf Apostel zum nächsten. Es ist seltsam, an diesen berühmten Flecken zu stehen, die ich nur aus Magazinen und von Fotos kannte, aber anders als an der Sydney Opera bleibt hier die Enttäuschung aus. Es ist wirklich genauso beeindruckend, wie ich es mir vorgestellt habe. Ich starre mit einem ungläubigen Kopfschütteln auf die steile Küstenlinie, die von riesigen sandfarbenen Felsen geziert wird. Ursprünglich waren es einmal zwölf, was dem Naturschauspiel seinen Namen gab. Ich sehe von hier aus fünf. Riesig und vom Wasser ausgehöhlt stehen sie da und werden von den weißschaumigen Wellen des türkisfarbenen Meeres umspült. Der Himmel strahlt klar und blau, und die Sonne lässt den hellen Stein leuchten. Scheinbar endlos erstreckt sich dieses Bild bis zum Horizont.

Die Abende und Nächte verbringen wir auf einfachen Campingplätzen, bis wir an die Grenze von Südaustralien und wieder mehr durch Waldgebiete kommen. Hier finden wir einen kleinen abgelegenen Zeltplatz mitten im Wald an einem kleinen See. Malerisch liegt eine kleine Hütte neben einem Bootsanlegesteg und wir sind die einzigen Besucher weit und breit.

Als ich am nächsten Morgen früher als die beiden anderen wach werde, setze ich mich mit meinem Schlafsack ans Ende des Stegs und sauge die Atmosphäre des Sonnenaufgangs in mir auf. Die Seeoberfläche ist von einem nebligen Schleier bedeckt und die kleinen Wolkenketten am Himmel leuchten in rosafarbenem Licht. Ich trage schon eine Weile das Gefühl mit mir herum, dass diese gemeinsame Art des Reisens nicht das Richtige für mich ist. Auch wenn ich mir nicht genau erklären kann, warum und wieso, fasse ich hier in der Morgenstille ganz für mich einen Entschluss.

Vor meiner Abreise nach Australien habe ich mir für diese Reise verschiedene persönliche Ziele gesetzt. Manche Eigenschaften wollte ich gerne ablegen, zu anderen zurückfinden und einige wollte ich mir aneignen. Dazu gehörte ganz besonders auch, mich mehr auf mein Bauchgefühl zu verlassen, wenn Entscheidungen anstehen. Viel zu oft habe ich mich von meinem Verstand leiten lassen und Entscheidungen gefällt, die zwar vernünftig waren, sich aber nicht gut und richtig anfühlten. Die vergangenen Tage habe ich mich in Gesellschaft nicht mehr richtig wohlgefühlt. Ich vermisse die Freiheit, meine eigenen Entscheidungen treffen zu können, mich nicht abstimmen zu müssen und meinen Weg selbst bestimmen zu können.

Auch wenn ich mir egoistisch vorkomme mit dieser Haltung, buche ich bei unserem nächsten Stopp in Portland ein Ticket nach Adelaide und steige in Mount Gambier in den Bus. Ich versuche Cathrin und Tatjana zu erklären, was in mir vorgeht, aber an ihren Gesichtern erkenne ich, dass sie nicht verstehen, was das Problem ist. Ich habe einfach keine Lust mehr auf die Diskussionen, wo und wann wir stoppen, wie lange wir an welchem Ort bleiben und was wir wann essen. Jede Entscheidung ist eine Diskussion mit drei verschiedenen Standpunkten. Dabei streiten wir nicht einmal, aber allein dass alles diskutiert werden muss, frustriert mich. Manches, was für mich völlig logisch und sinnvoll erscheint, ist es für sie nicht, und umgekehrt. Ich vermisse das Gefühl, einfach tun und lassen zu können, was ich will, auch wenn ich mir bei diesem Gedanken schon wieder sehr egoistisch vorkomme.

Der Satz »Man kann nicht immer alles haben, was und wie man will« schießt mir dabei durch den Kopf. Der Tenor unserer Gesellschaft. Aber letztendlich erinnere ich mich daran, dass es auf dieser Reise nicht mehr darum geht, anderen gerecht zu werden, sondern mir selbst. Ich lasse die beiden nicht im Stich, wenn ich allein weiterreise. Aber ich würde wieder einmal mich selbst im Stich lassen, wenn ich versuche, mich in Situationen und Gegebenheiten zu pressen, die nicht zu meinem Befinden passen, nur um es anderen recht zu machen. Schon im Bus merke ich, wie die Anspannung von mir abfällt und ich mich endlich wieder wohler fühle mit mir selbst. Es war richtig, das zu tun, was ich wollte, und ich bin ein kleines bisschen stolz auf mich.

Adelaide

Adelaide ist eine angenehme Abwechslung nach den großen Metropolen Sydney und Melbourne. Es wirkt trotz seiner beachtlichen Größe wie eine kleine gemütliche Stadt. Diese Entspanntheit steckt mich an, und ich verbringe eine Woche damit, die Stadt auf Spaziergängen zu erkunden, ihre Supermärkte zu plündern, und vor allem damit, die gemütliche Couch im großen Aufenthaltsraum des Hostels zu meinem neuen Revier zu machen. Unterschwellig nehme ich wahr, dass mein Kopf eine Pause braucht. Ich bin träge und müde und möchte mich nicht groß mit Sightseeing beschäftigen. Als ich gestartet bin, war ich voller Motivation und Energie, die Welt hier unten zu erobern. Mir war nie in den Sinn gekommen, wie anstrengend das sein könnte. Und dabei meine ich nicht einmal, körperlich. Mein Gehirn ist so damit beschäftigt, jeden einzelnen Moment abzuspeichern und zu verarbeiten, dass es nicht mehr hinterherkommt. Es fühlt sich an wie Muskelkater im Kopf.

Im Alltag erleben wir viel Routine. Nur selten passiert etwas Neues oder trifft uns etwas Unerwartetes. Hier prasseln täglich mehr neue Eindrücke auf mich ein als in Deutschland in einem ganzen Monat. Mein Kopf muss erst darauf trainiert werden, neu zu filtern, was relevant ist und was nicht. Zumindest versuche ich mir so das Gefühl des Ausgelaugtseins zu erklären.

Ich möchte eine Tour nach Kangaroo Island machen, kann mich aber nicht aufraffen, irgendwen dazu zu befragen, geschweige denn zu buchen. Fast einen Monat bin ich nun schon unterwegs und es fühlt sich zugleich an wie eine Woche und ein Jahr. Mein altes Leben ist so weit weg von mir. In den Wochen vor meiner Abreise war ich so sehr mit Abschiednehmen beschäftigt, dass ich mir keine großen Gedanken darüber machen konnte, wie es eigentlich sein würde, auf Reisen zu sein. Von einem Kaffee, Mittagessen oder Termin zum nächsten hetzend, stets mit dem Versprechen, zu schreiben, in Kontakt zu bleiben und auf jeden Fall zu telefonieren, war ich froh, alles hinter mir lassen zu können. Ich hasse Abschiede. Es gibt nichts Unangenehmeres für mich.

Das Ironische ist, dass mir jetzt hier in Adelaide auf der Couch die Erkenntnis kommt, dass ich auch in den letzten vier Wochen nichts anderes getan habe, als mich immer wieder zu verabschieden. Allerdings läuft es hier anders. Die Kontakte sind flüchtiger, wenn auch manchmal irgendwie intensiver als zu Hause. In einer Woche kann man hier einen Menschen besser kennenlernen als zu Hause in einem Jahr. Mit Kollegen, die man täglich sieht, wechselt man in den Pausen ein paar persönliche Worte, aber manche lernt man nie richtig kennen. Hier landet man nach wenigen Stunden schon oft bei den Kernfragen: Warum bist du auf Reisen? Warum hast du alles hinter dir gelassen? Warum reist du allein?

Diese Fragen haben oft tiefgreifende und offene Antworten. So wie meine. Ich weiß, warum ich auf Reisen bin. Weil ich wusste, dass ich mein altes Leben nicht mehr lange ausgehalten hätte. Es war nicht von Anfang an eine bewusste Entscheidung für das Reisen, aber als sich die Möglichkeit einmal aufgetan hatte, habe ich, ohne zu zögern, zugegriffen.

Ich habe die letzten sechs Jahre auf Kinderkrebsstationen verbracht und habe Teile meiner Seele dabei geopfert. Viele von uns sagen sich selbst eine lange Zeit, dass man lernen kann, damit umzugehen. Dass man die nötige Distanz dazu aufbauen kann, auch ohne abzustumpfen. Und für andere ist das auch durchaus die

Wahrheit. Für mich war es eine Illusion, um die ich lange gekämpft habe. Mit jedem Kind, das wir auf Station verloren haben, mit jedem Kind, das mit einem Rückfall zu uns kam, kam ein weiteres Steinchen dazu, bis sich ein ganzer Berg in mir aufgeschüttet hatte. So fühlt es sich heute an, wenn ich darüber nachdenke. Steinchen in Form von Erlebnissen und Erfahrungen, die ich nie wirklich verarbeitet habe, die ich einfach nur aufgetürmt und nach hinten geschoben habe. Aber nun merke ich, wie nah ich daran war, von diesem Berg verschüttet zu werden.

In den vergangenen Wochen bin ich immer wieder morgens aufgewacht und hatte Reste meiner Träume wie Nebelschwaden im Kopf. Sie waren oft vermischt mit Gedanken an Kinder, die ich vor langer Zeit betreut hatte und an die ich teilweise seit Jahren nicht mehr gedacht hatte. Ich glaube, dieser Berg in mir baut sich gerade Steinchen für Steinchen ab. Genauso wie ich ihn angehäuft habe.

Die Frage danach, warum ich reise, beantworte ich meist damit, dass ich herausfinden möchte, was ich in meinem Leben eigentlich will. Womit ich die nächsten zehn, zwanzig, dreißig Jahre füllen möchte. Aber mittlerweile gestehe ich mir selbst auch ein, dass ich diese Reise vor allem brauche, um endlich wieder frei atmen zu können. Frei von dem Druck, der täglich auf mir gelastet hat, wenn ich zur Arbeit musste. Auch an Tagen, an denen ich es nicht musste.

Jeder braucht mal eine Auszeit von seinem Job oder ist mal genervt von den Arbeitsbedingungen. Aber nur wenige haben Jobs, bei denen an vielen Tagen der Tod mitentscheidet, ob es ein guter oder ein schlechter wird.

Damit beantworte ich mir die erste dieser grundlegenden Warum-Fragen.

Ich starre an die Decke des Aufenthaltsraumes und frage mich, warum ich dafür alles hinter mir lassen musste. Warum ich mich gedrängt gefühlt habe, alles aufzulösen. Meine WG existiert nicht mehr, all meine Möbel sind verkauft, und die wenigen Dinge, an denen ich noch gehangen habe, sind in Kisten eingelagert bei meinen Eltern und müssen dort eigentlich auch nie wieder ausgepackt werden. Warum hatte ich das Bedürfnis, alles loszuwerden, was mich an ein Leben in Deutschland bindet? Vielleicht, weil es mich irgendwann zwangsläufig dorthin und in mein altes Leben zurückgezogen hätte? Ich wollte mir selbst die Gewissheit geben, dass ich nicht an diesen Ort und in diesen Job zurückkehren muss, wenn ich es nicht wirklich will. Freiheit beginnt im Kopf, aber ich brauchte auch die physische Freiheit. Die Ungebundenheit in meinem Kopf und von allen Dingen, die ich besessen hatte. Wenn mich auf Station meine Kollegen mit großen Augen gefragt haben, ob es mir denn gar keine Angst mache, keinen festen Wohnsitz mehr zu haben, dann habe ich kurz in mich hineingehorcht und nur Erleichterung verspürt. Nein, mir macht das keine Angst. Ich fühle mich frei beim Gedanken daran. Im Grunde kann ich also auch die Frage ehrlich und vollständig beantworten, warum ich alles hinter mir lassen musste.

Nur bei der Frage, warum ich allein reise, ist die Antwort noch schwammig. Natürlich könnte ich es auf die äußeren Umstände schieben. Wer sonst hat noch die Zeit, sich mir auf einer so langen Reise anzuschließen. Und wer sonst ist in meinem Alter noch ungebunden und hat keine Familie. Mit Anfang dreißig wird es in der Hinsicht schon langsam dünn im Freundeskreis. Aber wenn ich ehrlich bin, wüsste ich nicht, ob das meine Entscheidung verändert hätte. Genau wie jede andere habe ich mich gefragt, ob es richtig ist, ganz allein auf Reisen zu gehen, auch wenn ich mein Bestes getan habe, einfach nicht darüber nachzudenken. Aber ich könnte eben auch aus genau diesem Grund nicht sicher sagen, ob ich jemanden mitgenommen hätte, wenn sich die Möglichkeit geboten hätte.

Ich erkenne zumindest langsam, dass ich so gerne allein reise, so gerne allein bin, weil ich dann endlich atmen kann. Mein Leben lang habe ich ständig versucht, Erwartungen anderer zu erfüllen. Bewusst und sehr unbewusst. Ständig habe ich versucht, gut genug zu sein, um anerkannt zu werden. Um gemocht zu werden. Um zu gefallen. Denn das wollen wir schließlich alle verzweifelt – gemocht werden und dazugehören.

Jetzt auf Reisen kann mir das alles völlig egal sein. Ich bin heute hier und morgen da. Es muss mich nicht interessieren, ob mein Gegenüber mich mag oder nicht. Ich bin endlich frei, absolut so zu sein, wie ich bin. Mehr als das. Ich muss gar nichts mehr – wenn ich mit mir allein bin, kann ich seltsam und kompliziert sein, mürrisch und wortkarg. Um 12 Uhr Chips zum Frühstück essen und bis weit nach Mitternacht unsinnige Serien schauen. Niemand setzt mir Grenzen, Verhaltensregeln oder Maßstäbe. Zum ersten Mal entdecke ich, wer ich ohne Vorgaben von außen bin. Und ich mag das. Ich wusste gar nicht, wie sehr ich es leid war, ständig auf die unterbewussten Stimmen zu hören, die mir sagten, ich müsse dies oder jenes. Denn wenn wir ganz ehrlich sind zu uns selbst, müssen wir immer irgendetwas. Natürlich weiß ich, dass das Leben nicht immer ohne Regeln bleiben kann. Aber für den Moment weiß ich es zu schätzen und genieße es voll und ganz. Tief in mir drin weiß ich auch, dass es dringend Zeit wird, ein paar Dinge über mich selbst zu lernen, und dass ich das nur kann, wenn ich allein reise und mich nicht von einer zweiten Person lenken und leiten lasse. Nicht einmal in kleinen Dingen.

Schon nach dieser kurzen Zeit unterwegs kommt immer wieder die Frage auf, die sich jede von uns selbst beantworten muss: Wer bin ich eigentlich? Gestern bin ich in Adelaide in der Fußgängerzone gelandet und habe die australische Marke »Cotton on« entdeckt. Im Grunde die australische Version von H&M, aber mit dem typisch entspannten Stil der Australier. Wonach wähle ich nun meine Kleidung aus, wenn ich nicht mehr Inspiration an Freundinnen suchen kann? Ich bin weder naiv noch unselbstständig und kann mir natürlich meine eigene Kleidung aussuchen. Aber ich stand vor einem Regal und war dabei zum allerersten Mal wirklich komplett ohne äußere Einflüsse. Nichts, was diese Wahl in irgendeiner Weise schon vorher beeinflusst hätte. Nicht einmal ein »Steht mir das?« konnte von einer zweiten Person bestätigt werden. Ich musste mich voll auf meinen eigenen Geschmack verlassen und konnte mich austoben, ohne schräg angesehen zu werden. Wann haben wir schon diese komplette Freiheit, wenn wir nicht gerade mit einem grenzenlosen Selbstbewusstsein und einem Drang nach Aufmerksamkeit geboren wurden?

Also kaufe ich mir ein knallig korallfarbenes T-Shirt, das ich in Deutschland vielleicht nie getragen hätte und das mir jetzt aus meinem Rucksack entgegenleuchtet und mir ein Siegesgefühl vermittelt. Es war nur ein kleiner Schritt, aber es war ein Schritt zu mir selbst. Genauso wie die Entscheidung, nicht mit den beiden anderen weiterzureisen, sondern früher mit dem Bus nach Adelaide zu fahren. Allein. Und so höre ich mit diesen kleinen Entscheidungen schon mehr auf meinen Bauch und auf mich, als ich es in den letzten Jahren getan habe. All meine Entscheidungen waren Entscheidungen, bei denen ich das Gefühl hatte, sie würden so von mir erwartet. Aber letztendlich, egal wie ich es drehe, kann ich auch das nur einer Person zuschreiben: mir selbst. Es wird also Zeit, sich von diesem Pflichtgefühl, das ich mir selbst auferlegt habe, zu befreien. Einen Schritt nach dem anderen. Schließlich habe ich noch viele weitere Monate dafür Zeit.

Perth –
Das Tor zur Westküste

*Überwinde dich selbst und du wirst die Welt
überwinden.*

Buddha

Nach einer Woche in Adelaide raffe ich mich wieder
auf und fliege nach Perth. Es gibt nur zwei Arten, diese
lange Strecke zu überwinden, und der Zug, der mich
in 48 Stunden von Adelaide in den Westen Australiens
bringen könnte, ist ein Abenteuer, dem ich mich noch
nicht gewachsen fühle.

Perth ist der nächste logische Stopp auf meiner Reise
rund um Australien herum und die einzige Großstadt
an der Westküste. Ich weiß nicht recht, was mich dort
erwartet. Wieder spiele ich mit dem Gedanken, mir dort
einen Job zu suchen, aber langsam vermute ich, dass
dieser Plan eine starke Vermeidungstaktik ist, um mich
nicht damit auseinandersetzen zu müssen, wie es langfristig weitergehen soll. Eine einfache, logische Lösung
für ein offenes Problem.

Noch habe ich das Gefühl, ich renne in einem unglaublichen Tempo durch Australien. Vor lauter Panik, dass die Zeit nicht reicht, alles von diesem Kontinent zu sehen. Und das ist mein Anspruch. Ich bin nicht sicher, woher er kommt, aber ich fühle mich gedrängt. Ob von mir oder von den Erwartungen anderer... ich habe keine Ahnung. Ich weiß nur, dass ich keine Minute verschenken darf. Ich habe so lange und so hart für diese Reise gespart, ich würde mich schuldig fühlen, wenn ich nicht jede Minute davon bestmöglich ausnutze. Die stetige Angst davor, dass das Geld ausgeht, bevor ich alles von Australien gesehen habe, und dass ich keinen Job finde, der die Kasse wieder füllt, sitzt mir die ganze Zeit im Nacken. Diese Zeit in Australien ist ein Geschenk, und ich will keine Minute davon verschwenden. Also fülle ich sie mit so vielen Erlebnissen, Orten und Ecken wie möglich. Aber wenn ich ganz tief in mich hineinhorche und ehrlich mit mir bin, ist da noch ein anderer Grund. Die beißende Frage, was meine Freunde und Familie wohl von mir halten würden, wenn ich nicht das meiste aus dieser Zeit heraushole. Irgendetwas in mir glaubt immer noch nicht daran, dass ich mir diese Reise wirklich verdient habe. Ich habe »nur« sieben Jahre gearbeitet und nehme mir eine Auszeit? Ich sitze hier in Australien und bummele durch die Weltgeschichte, während andere zu Hause jeden Tag hart arbeiten und etwas zur Gesellschaft beitragen? Ich wusste gar nicht, was für ein starkes soziales Gewissen ich habe, bis ich diese Reise angetreten habe.

Erstaunlich, wie stark wir von unserer Erziehung und der Gesellschaft, in der wir aufwachsen, geprägt sind. Unser Selbstwert ist mit darüber definiert, was wir produktiv und effektiv erschaffen. Ich arbeite nicht, also muss ich wenigstens effektiv und produktiv Australien bereisen. Absolut absurd. Aber deshalb lande ich bereits eineinhalb Monate nach meiner Ankunft in Australien am anderen Ende des Landes. In dieser Zeit habe ich schon so viel gelernt, gesehen und kennengelernt, und die kulturellen Unterschiede, die mir am Anfang gar nicht so groß erschienen, werden immer klarer.

Ganz abgesehen davon, dass ich im Sommer Mandarinen essen kann, die Autos auf der entgegengesetzten Straßenseite fahren und sich das Wasser in der Klospülung angeblich auch andersherum dreht (das habe ich immer noch nicht überprüft und setze es wieder mal auf meine innere To-do-Liste), sind es eher die menschlichen Aspekte, die für mich den Unterschied ausmachen. Ich weiß nicht, ob es an der Sonne liegt, aber die Menschen sind hier deutlich entspannter. Der Spruch »Go with the flow« ist nicht nur eine Redensart. Sie lassen sich tatsächlich mehr treiben. Was nicht bedeutet, dass sie faul sind, aber sie lassen sich nicht stressen. Und so langsam steckt mich die Gelassenheit ein wenig an. Die unglaubliche Freundlichkeit ist wohl das deutlichste Merkmal, dass ich in einem anderen Land bin. Nicht, dass die deutsche Mentalität grundsätzlich grummelig und unfreundlich wäre, aber gemessen am australischen Umgangston wirkt sie so.

Auch viele kleine Dinge bringen mich zum Schmunzeln und lassen mich mich tatsächlich »kopfüber« fühlen. *Burger King* heißt hier *Hungry Jack's*, sieht aber ganz genauso aus wie in Deutschland. *Wrigley's Extra* hingegen sieht genauso aus, schmeckt aber ganz anders. Das Aussehen ist den Menschen hier zwar auch wichtig, aber die Vielfalt der Stilrichtungen kennt keine

Grenzen. Wer kein Tattoo hat, bildet hier eine Ausnahme und wirkt wie ein leeres Blatt in einem vollgeschriebenen Buch.

Es gibt wenig, was ich an zu Hause vermisse, abgesehen von bezahlbarem und gut schmeckendem Käse und vierlagigem Toilettenpapier. Darauf breche ich in Gedanken die Unterschiede herunter. Natürlich sind sie viel tiefgreifender, aber ich weiß unterbewusst, dass ich noch nicht tiefer gehen kann. Dass ich noch zu sehr damit beschäftigt bin, solche kleinen Eindrücke zu verarbeiten, um mich damit auseinanderzusetzen, was diese Reise tiefer drin mit mir macht. Wie und ob sie und die Menschen, auf die ich hier treffe, mich verändern.

Nachdem ich den Flug hinter mich gebracht habe und endlich realisiere, in welcher Zeitzone ich mich nun befinde, bringt mich das Airport-Shuttle direkt bis vor mein neues Hostel. Dort angekommen, verschwinde ich ohne große Umwege in ein freies Bett. Da Perth nicht nur in einer anderen Zeitzone liegt, sondern auch keine Sommerzeit hat, ist es nun nach Adelaider Zeit bereits zwei Uhr nachts, und das überfordert meinen mittlerweile sehr schlafverwöhnten Körper doch stark.

Am nächsten Morgen mache ich mich auf den Weg, um die neue Stadt gründlich zu erkunden. Es ist das erste Mal, dass ich gar nicht weiß, was mich erwartet. Von allen anderen Orten hatte ich zuvor schon einiges gehört oder gelesen, Perth hingegen ist ein unbeschriebenes Blatt für mich. Genau wie in Adelaide markiere ich auf einem Stadtplan alles, was in meinem Reiseführer beschrieben ist, und ziehe los in die Großstadt. Knapp eine Dreiviertelstunde später bin ich an allen markierten Punkten vorbei und bin ernüchtert.

Perth wirkt auf mich wenig besonders und leicht heruntergekommen, wie die Stiefschwester der Metropolen Australiens. Die wenigen lohnenden Sehenswürdigkeiten hier sind relativ zugemüllt und lieblos gestaltet. Im Visitor Centre versuche ich eine gute Stunde lang einen Überblick über die vielen Tourmöglichkeiten zu bekommen, die hier in Flugblättern und Broschüren angeboten werden. Nach einer kurzen Beratung kann ich mich endlich für eine davon entscheiden: Ich buche eine Tour über fünf Tage, die entlang der Westküste hoch bis nach Exmouth führt. Sie ist nicht zu straff geplant, was ein großer Vorteil ist. Ich möchte nicht fünf Tage lang die Küste entlanghetzen und mir danach auf Fotos anschauen, wo ich gewesen bin. Da sie bereits am nächsten Tag startet, bleibt mir für Perth nicht viel Zeit, aber nach dem heutigen Erkundungstrip bin ich darüber nicht besonders traurig.

Ein paar Stunden später bin ich absolut sicher, die richtige Wahl getroffen zu haben. Erst jetzt stelle ich fest, dass ich vielleicht nicht in der besten Gegend der Stadt gelandet bin. Ich weiß nicht, ob mich die Erinnerung an den Airbus-Shuttlebusfahrer und seine Bemerkung, ich solle nicht unter die Räder kommen, darauf gebracht hat. Vielleicht sind es aber auch die Warnschilder auf den Toiletten meines Hostels, die zur Vorsicht mahnen, dass der eigene Drink nur mit Limette und nichts anderem aufgepeppt wird, oder die Hausregeln, in denen ausdrücklich davor gewarnt wird, dass jeder, der im Hostel mit Drogen erwischt wird, rausfliegt. Frankfurt sei Dank bin ich schon relativ abgehärtet, sodass mir auch heute erst aufgefallen ist, dass die kleinen Boxen, die überall in öffentlichen Toiletten an den Wänden hängen, Abfallbehälter für Spritzen sind. Es ist also wirklich nicht verkehrt, dass ich Perth schnell wieder verlasse, sonst fallen mir wahrscheinlich noch ganz andere Sachen auf.

Westaustralien-Tour

Unser Tourguide stellt sich als »Red« vor. Ich schaue ihn verwirrt an. »Wie Rhett Butler«, fügt er hinzu. Mit diesem Anfang 20-jährigen blonden Wuschelkopf wird es bestimmt lustig. Die Gruppe ist klein und überschaubar: drei Deutsche, eine Schweizerin und ein Engländer, der mit einer der Deutschen zusammen ist. Eine nette, aber irgendwie unscheinbare Truppe. Rhett gleicht das wieder aus. Er erzählt, dass er nach der Schule bereits mehrere Jobs hatte und nun seit zwei Monaten als Tourguide arbeitet, weil man dabei schnell ordentlich Geld verdienen kann. Wir sind die zweite Gruppe, die er allein führt, und man merkt ihm seine Motivation und Frische an.

Ich nutze das gnadenlos aus. Habe ich in der Schule Klassenfahrten gehasst und die Tage gezählt, bis der ganze Kulturquatsch überstanden war, blühe ich hier auf wie eine Fünfjährige in Disney World. Ich quetsche Rhett aus und erkranke in kürzester Zeit am Warum-Fieber: Warum stehen die Bäume in der Wüste so schräg? Warum sind die Baumstämme weiß angestrichen? Was für kleine Sträuße wachsen da an den Stämmen? Wieso, weshalb, warum – von früh bis spät. Rhett erträgt es tapfer und geduldig, zieht mich aber bald damit auf. Damit kann ich leben.

Die fünf Tage von Perth bis Exmouth sind prall gefüllt, und ich habe das Gefühl, Australien nicht nur zu sehen, sondern auch etwas darüber zu lernen, vor allem über die Aborigines und ihre Geschichte. Immer wieder erzählt uns Rhett von ihren Ritualen und heiligen Wesen.

So stehen wir am dritten Tag in den Pinnacles, einer gelbsandigen Wüste, die übersät ist mit Hunderten von spitzen Obelisken. Rhett erzählt uns, diese Felsen seien die Finger von Kindern, die unartig waren und vergraben wurden. Dieses Bild lässt mich nicht mehr los.

Am nächsten Morgen stehen wir früh auf, denn die Delfinfütterung in Monkey Mia, dem winzigen Küstenort, wo wir am Vorabend angekommen sind, beginnt schon um acht Uhr. Es ist noch angenehm kühl und der Himmel strahlt uns gewohnt wolkenlos entgegen. Wir stapfen still und leicht verschlafen an den Strand. Rhett macht ein paar Witze, aber man merkt, dass auch er noch nicht richtig fit ist. Wenig später tauchen zwei junge Frauen auf, die im Nationalpark arbeiten. Mit Eimern in der Hand stellen sie sich ins knietiefe Wasser, erzählen uns von den Delfinen und stellen die Regeln für die Fütterung auf. Wir dürfen maximal mit den Füßen ins Wasser. Außerdem sollen wir darauf achten, nicht auf Rochen zu treten. Als die Rangerin das sagt, erspähe ich im Wasser direkt vor mir den Umriss eines kleinen sandfarbenen Exemplars. Er flitzt sofort davon und hinterlässt nur kurz den Anblick seines langen, schmalen Stachels.

Während die Naturschützerinnen alles über Lebensart, Schwangerschaft und Familienverhalten der Delfine erzählen, tauchen die ersten beiden langsam auf. Gemütlich schwimmen sie heran, ganz so, wie es sich für

Australier gehört. Der Anblick lässt mich wieder zu dem fünfjährigen Mädchen mit dem Stoffdelfin im Arm mutieren, das ich einmal war. Es ist fast absurd, wie sehr mich dieser Anblick grinsen lässt. Immer mehr Delfine tummeln sich um die Naturschützerinnen und die Eimer – die Tiere wissen genau, womit sie gefüllt sind. Die beiden Mädels verteilen die Fische gleichmäßig und ruhig an die Delfine, die geduldig sind und einander das Futter nicht neiden. Schließlich werden einzelne Personen aus der Gruppe ausgewählt, die einen Fisch nehmen und ihn in die Schnauze eines der Delfine fallen lassen dürfen. Als es darum geht, den letzten Fisch zu verfüttern, fragt mich eine der Frauen: »Möchtest du?«

Mein Adrenalinpegel schießt in die Höhe, ich nicke wild und drücke meiner Tourbegleiterin Elisa meinen Fotoapparat in die Hand, um dann schüchtern auf den Fischeimer zuzugehen. Ich will den Delfin nicht verschrecken, aber ich glaube, mit Fisch in der Hand würde das ohnehin schwierig. Er öffnet langsam sein Maul, als wollte auch er mich nicht verschrecken, und wartet drauf, dass ich den Fisch fallen lasse. Kaum ist er in seinem Rachen verschwunden, schwimmt der Delfin zufrieden davon. Ich weiß sofort, dass ich diesen Moment niemals vergessen werde.

Am Abend kommen wir in Coral Bay an, einer kleinen Bucht mit türkisfarbenem Wasser, perlweißem Strand und ein paar Häusern. Ich zähle das Hostel, in dem wir übernachten, ein Café, einen kleinen Supermarkt und zwei Pubs. Das war's. Genauso entspannt wie dieser Ort wird auch der nächste Tag am Strand. Faul liegen wir im Sand und lassen uns die Sonne auf die Haut scheinen.

Rhett will mit uns schnorcheln gehen, solange die Mittagssonne noch nicht brennt. Mit einem Haufen Taucherbrillen, Schnorcheln und Flossen ziehen wir an den Strand und rüsten uns aus. Ich bin als Einzige noch nie geschnorchelt, dafür aber umso motivierter und neugieriger. Die Geschichten, die Rhett von Meeresschildkröten erzählt hat, lassen mich schon seit Stunden darauf hinfiebern.

Leider kommt alles anders, als ich erwartet hatte. Nach ein paar albernen Fotos in voller Montur waten wir alle ins Wasser. Aber sobald ich den Kopf in Richtung Wasser bewege, atme ich panisch und hyperventiliere. In meinem ganzen Leben hatte ich noch nie eine Panikattacke, aber jetzt fühlt es sich an, als schnürte mir jemand die Luft ab. Ich erkenne mich selbst nicht wieder und fühle mich völlig hilflos. Vor dem Wasser oder den Fischen habe ich keine Angst – wovor dann?

Ich stelle mich gerade hin und atme tief ein und aus. Ich will schnorcheln. Ich will die Fische, Korallen und Meeresschildkröten in diesem glasklaren Wasser sehen. Ich will diese innere Blockade lösen. Aber mein Kopf macht dicht. Es ist, als hätte plötzlich jemand anders die Kontrolle über meinen Körper übernommen. Ich stehe da wie ein hechelnder kleiner Hund, als Rhett zu mir zurückkommt. Er schickt die anderen voraus und nimmt sich eine halbe Stunde Zeit, um mich mit Engelsgeduld unter Wasser zu bekommen. Seine Worte klingen wie Hypnose: »Mach dir keine Gedanken. Beiß auf den Schnorchel, das lenkt dich ab. Konzentriere dich auf das, was du siehst, sobald dein Kopf unter Wasser ist.«

Darin liegt offensichtlich der Knackpunkt: mir klarzumachen, dass ich nicht ertrinke, wenn ich den Kopf unter Wasser stecke. Das Konzept, dass ich durch den Schnorchel Luft bekomme, scheint noch nicht so richtig bei mir angekommen zu sein. Eine gefühlte Ewigkeit später schaffe ich es, den Kopf unter Wasser zu halten, und bin sofort von den bunten Farben und Fischen abgelenkt. Mein Atem wird nach und nach ruhiger, und ich fühle mich wie in einem Märchenfilm. Ich habe noch nie in meinem Leben etwas so Schönes gesehen. Die Korallen sehen aus wie große Blumenbouquets, sie leuchten in allen Farben, die der Regenbogen zu bieten hat. Bunte Fische tanzen um mich herum und machen es mir leicht, die Panik von eben vollkommen zu vergessen.

Irgendwann hole ich die anderen ein und gemeinsam erkunden wir das komplette Korallenriff. Die Meeresschildkröten glänzen durch Abwesenheit, aber auch mit Korallen und Fischschwärmen bin ich absolut glücklich und wate nach zwei Stunden breit grinsend aus dem Wasser. Ich habe definitiv eine neue Leidenschaft für mich entdeckt!

Als ich am Abend im Bett liege, bin ich wieder einmal fasziniert. Darüber, dass ich auf dieser Reise bereits mehr über mich gelernt habe als in den gesamten dreißig Jahren zuvor. Ich hätte nie gedacht, dass mich Panikattacken erwischen könnten. Aber hier gehe ich immer wieder an meine persönlichen Grenzen und breche sie. Bewusst und sogar gerne. Ich versuche mich an den Menschen zu erinnern, der ich noch vor ein paar Monaten war. Jemand, der in seinem Alltag feststeckte und niemals auch nur ansatzweise daran gedacht hätte, etwas allein zu machen, egal ob Shopping-Tag oder eine

Stunde im Fitnessstudio. Ich habe nichts ohne eine gute Freundin ausprobiert und war sehr wählerisch damit, wie ich meine Freizeit füllte. Je bekannter und gewohnter eine Unternehmung war, desto besser. Diese Person erkenne ich kaum noch wieder.

Hier in Australien plane ich schon seit Wochen kaum noch, und je mehr ich mich davon verabschiede, desto mehr erlebe ich. Vielleicht ist also Spontaneität der Schlüssel zu diesem neuen Ich, das ich gerade kennenlerne. Ich bin auf einer Tour, die nicht geplant war, und habe bereits mehr erlebt, gelernt und gesehen als in den vergangenen vier Wochen. Dabei ist in diesen vier Wochen mehr passiert als in den Monaten zuvor in Frankfurt. Ich erkenne plötzlich, dass ich Jahre in Starre verbracht habe. Manche von ihnen kann ich in drei Sätzen zusammenfassen. Hier fällt es mir schwer, einen einzelnen Tag in drei Sätzen zusammenzufassen, was mir jeden Abend beim Schreiben meiner Blog-Einträge auffällt. Mein Plan für die nächste Zeit ist also: Weniger planen, mehr leben.

Am darauffolgenden Tag fahren wir entlang der Landzunge zum nächsten Strand. Es ist, als würden die Strände hier um den Preis für den ultimativen Paradiesstrand kämpfen. Einer ist weißer als der andere und das Meer jedes Mal noch eine Spur türkisfarbener.

Der Strand, an dem wir stoppen, scheint allerdings ein Patent darauf zu haben und nennt sich zu Recht *Turquoise Bay*. Als Schnorchel-Frischling machen mir hier die Wellen zu schaffen, und ich ziehe mich nach wenigen Versuchen lieber an den Strand zurück, um an meiner Bräune zu arbeiten, die noch immer ausbaufähig ist. Als die Gruppe zurückkommt und von ihrer Begegnung mit zwei Meeresschildkröten erzählt, bereue ich für einen kurzen Moment, nicht mutiger gewesen zu sein, aber Rhett versichert mir, dass wir am nächsten Strand sicherlich noch auf ein paar treffen werden. Und so ist es. Nach einer kurzen, dieses Mal aber deutlich leichteren Panik schnorchle ich im glasklaren Wasser vor mich hin, als neben mir gleichmäßig und geduldig eine Meeresschildkröte von etwa einem Meter Durchmesser vorbeizieht. Rhett zeigt aufgeregt darauf, aber ich könnte sie gar nicht übersehen. Vor allem als sie direkt vor mir auftaucht, um Luft zu schnappen. Ich erstarre vor Ehrfurcht. Jedes Mal, wenn ich hier in Australien denke, ein Moment könne kaum noch übertroffen werden, kommt der nächste daher. Ruhig schwimme ich noch ein paar Meter neben ihr her, beobachte ihre Bewegungen und bin durch und durch glücklich.

Ein paar Stunden später, nach einer Dusche bei den Vorbereitungen für unser Abendessen, merke ich, dass ich wohl noch nie in meinem Leben so glücklich war. Das sind die Momente, wegen denen es sich zu leben lohnt. Die sich in dein Gehirn brennen und dich nie wieder loslassen.

Als ich mich beim Barbecue über meine vegetarischen Burger freue, die Rhett extra im kleinen Supermarkt erstöbert hat, scherzen wir herum. Irgendwann fragt mich Rhett, ob ich bereit wäre, ihn trotz der sieben Jahre Altersunterschied zu heiraten, damit er eine deutsche Aufenthaltsgenehmigung absahnen könnte. Ich lache und sage, nur wenn ich im Austausch die australische bekomme. Später im Bett merke ich, wie viel Wahrheit in diesem Satz liegt. Nichts liegt mir ferner, als über das Heiraten nachzudenken, aber gegen eine langfristige Aufenthaltsgenehmigung für Australien hätte ich absolut nichts einzuwenden.

Coral Bay

Wieder in Coral Bay angekommen, gönne ich mir eine Phase des absoluten Nichtstuns. Nachdem die Tour in Exmouth geendet hat, nimmt Rhett mich wieder mit zurück. Der Rest der Gruppe fährt zurück nach Perth, aber da ich sowieso plane, weiter in den Norden zu reisen, ergibt das für mich keinen Sinn. Nach Coral Bay, in dieses kleine verschlafene Nest, zieht es mich allerdings noch einmal zurück. Der traumhafte einsame Strand, der hier besonders untouristisch ist, wäre schon Grund genug gewesen, hierher zurückzukehren, aber das Korallenriff, das nur hundert Meter vom Strand entfernt liegt, zwingt mich geradezu dazu.

Die drei zusätzlichen Tage, die ich mir hier gönne, sind zum Ausspannen da und zum Auftanken meiner inneren Batterie nach der Zeit in Gesellschaft. Und natürlich zum Schnorcheln. Ich kann gar nicht genug davon bekommen. Meine Bräune wird immer unverschämter, aber leider auch relativ streifig. An den Oberarmen habe ich drei verschiedene Brauntöne kultiviert, und ich fürchte, von der Haut an meinem Hintern werde ich mich demnächst verabschieden müssen. Simple Blödheit, die mich nun bei jedem Hinsetzen und Umziehen daran erinnert, was passiert, wenn ich vergesse, einzelne Stellen einzucremen. Es sagt einiges über die australische Sonne aus, dass meine Arme trotz stetiger Anwendung von Sonnenmilch mit Lichtschutzfaktor 30 dunkelbraun gebrannt sind. Von meinen Füßen und den Flip-Flop-Streifen darauf will ich gar nicht anfangen.

Während ich am Strand faulenze, arbeite ich auch am Gewicht meines Rucksacks und schaffe es nach zwei Monaten unterwegs tatsächlich, ein Buch und eine Zeitschrift durchgearbeitet zu haben. Nachrichten kommen mittlerweile nur noch völlig verspätet bei mir an. Nicht dass ich sonst am Tagesgeschehen aktiv beteiligt gewesen wäre, aber hier unten in Australien ist es noch schlimmer. Ich muss mich zwingen, immer mal wieder nachzuschauen, ob der Rest der Welt eigentlich noch existiert. Die geographische Entfernung ist nicht nur groß. Sie bewirkt auch, dass ich mich tatsächlich ein wenig isoliert und abgeschnitten fühle. Schlechte Nachrichten kommen mir spät zu Ohren und fühlen sich an wie aus einer fernen Welt. Neben den aktuellen Tragödien aus Japan und Neuseeland, die von Atomkatastrophen und Erdbeben heimgesucht werden, erscheint meine kleine Welt hier wie ein unwirkliches Paradies. Ich fühle mich ein wenig schuldig deswegen, aber es ist schwer, dieses Gefühl beizubehalten, wenn man am weißen Strand vor dem türkisfarbenen Meer sitzt und sich wie auf einer rosa Wolke fühlt.

Nichts hat hier unten die Schwere oder Ernsthaftigkeit, die vielleicht angemessen wäre. Ich kann verstehen, warum viele Reisende einfach hängenbleiben. Die Französin, die bei mir im Hostel wohnt und im einzigen kleinen Café des Ortes arbeitet, wollte eigentlich nach zwei Wochen weiterreisen und ist nun bereits seit vier Monaten hier. Ihre Freizeit verbringt sie mit Tauchen und Schnorcheln.

Gleich an meinem ersten Tag zurück in Coral Bay gehe ich ins Tauchgeschäft, leihe mir Schnorchel, Maske und Flossen aus und stiefle damit an den Strand. Es ist ein komisches Gefühl, ohne Rhett zu schnorcheln, aber es wird ganz schnell zur Gewohnheit, als ich aufhöre nachzudenken und mich einfach umsehe. Im glasklaren Wasser erspähe ich zwei Seekatzen, längliche Fische, die am Maul tatsächlich so etwas wie Schnurrhaare haben, dann schwimme ich mit fünf schwarz-weiß gestreiften, handtellergroßen Tintenfischen, die eine meisterhafte Formation hinlegen. Jedes Mal, wenn ich ins Meer gleite, treffe ich auf unzählige Fischarten und fühle mich ein bisschen schlecht, dass ich ihre Namen immer noch nicht kenne. Als ich an einer azurblauen Koralle vorbeischwimme, bin ich fasziniert, was für ausdrucksstarke Farben es dort unten gibt. Ich bin jetzt schon wahnsinnig gespannt auf das Great Barrier Reef, um nach Unterschieden zu suchen und Vergleiche anstellen zu können. Aber bis dahin ist es noch ein weiter Weg.

Mein Körper gewöhnt sich mehr und mehr an das australische Klima. Fast täglich hat es hier 37 Grad Celsius und an den lauen Abenden brauche ich bei zehn Grad weniger bereits ein Jäckchen. Ich gehöre einfach in den Sommer, das wusste ich schon immer. Der Nachteil an der Hitze ist allerdings, dass sich auch komische Gestalten hier sehr wohlfühlen. Überall sind Heuschrecken, fast wie bei einer Plage. Viele werden zehn Zentimeter lang und erschrecken mich jedes Mal fast zu Tode, wenn sie mich anspringen. Käfer gibt es hier in allen Farben und ebenfalls in erschreckenden Größen. Auch wenn ihre Leichen im gesamten Hostel verstreut liegen – der Pool und die Palmen mitten im Hof trösten über einiges hinweg.

Die Tage verstreichen, und an den Abenden liege ich oft am Strand und starre in den unglaublichen Sternenhimmel. So weit weg von größeren Lichtquellen, erkenne ich viele Sternbilder, die sich sonst kaum ausmachen lassen. In diesem kleinen abgelegenen Paradies habe ich zum ersten Mal seit meinem Aufbruch das Gefühl, wirklich zur Ruhe zu kommen und zu entspannen.

Ich wache auf. Der Traum der Nacht hängt noch über mir wie Nebel. Ich war zurück in meiner ersten Anstellung in Aachen, ebenfalls in einer Kinderonkologie und bei einer kleinen Patientin, an die ich schon lange nicht mehr gedacht hatte. Drei Jahre ist diese Erinnerung her, die ich in meinem Traum wieder durchlebt habe, und es fühlt sich an, als hätte mir jemand in den Magen geboxt. Es war die Zeit, in der ich noch lernte, Distanz zu meinen Patienten aufzubauen, und trotzdem unfähig war, auf Abstand zu bleiben, weil mich alles so mitnahm. Als ich zu meiner neuen Arbeitsstelle und in eine andere Stadt gewechselt hatte, lag diese Patientin im Sterben. Eine befreundete Krankenschwester schrieb mir, dass sie gerade wieder auf der Station aufgenommen worden sei, wahrscheinlich zum letzten Mal. Ich packte also eine kleine Tasche und fuhr für ein Wochenende zurück. An diese Klinik, von der ich mich erst ein paar Monate zuvor verabschiedet hatte, hatte ich so viele schlechte Erinnerungen. Kaum war ich durch den Haupteingang getreten, kamen sie zurück. Auf Station angekommen, schlich ich mich leise in das Zimmer des Mädchens und setzte mich neben sie aufs Bett. Ihre Mutter plauderte mit mir, aber sie hielt einfach nur mit geschlossenen Augen meine Hand.

»Warum bist du hier?«, fragte sie mich.

»Um dich zu besuchen«, antwortete ich und versuchte, optimistisch zu klingen. Wir beide wussten, was damit gemeint war.

Sie war eines der Kinder, wegen denen ich diesen Beruf erlernen wollte. Kinder nehmen kein Blatt vor den Mund. Sie sagen freiheraus, was sie denken, ob sie dich mögen oder nicht. Trotz allem war sie eines der direktesten, die ich kennenlernen durfte. Sie beschimpfte mich, wenn ihr etwas nicht passte, und umarmte mich, wenn sie sich wieder beruhigt hatte. Sie war trotzig, nicht immer höflich, aber scharfsinnig wie ein Adler. Sie durchblickte die Fassade der Schwestern schnell und wusste genau, wer echt war und wer nicht. Die Erinnerung an sie zieht mich in ein Leben zurück, das ich 16 000 Kilometer entfernt hinter mir gelassen habe. In den vergangenen zwei Jahren war ich so damit beschäftigt, den Alltag zu verarbeiten und die neuen Schicksale in meinem Kopf zu sortieren, dass die vergangenen überhaupt keinen Platz mehr hatten. Nun fühlt es sich so an, als finge ich langsam an aufzuarbeiten. In den letzten Wochen hatte ich häufiger solche Träume von vergessenen Kindern. Nach und nach komme ich dazu, mich von ihnen zu verabschieden.

Die Tage verstreichen. Ein paar Schichten Sonnencreme, eine Stunde schnorcheln – so verbringe ich meine Zeit im Paradies. Drei Bücher, drei blau gepunktete Stachelrochen und eine ordentliche Ladung Bräune später sitze ich wenige Tage danach in der Bar des Hostels und warte auf meinen Bus, der mich in ein paar Stunden nach Broome bringen soll, von wo aus ich nach Darwin fliegen werde. Selbst meine hellen Flip-Flop-Streifen sind nun dunkle Bahnen auf meinen noch dunkleren Füßen, und meine Arme haben eine Bräunungsstufe erreicht, die ich an mir noch nie gesehen habe. Ich habe jede Minute hier genossen, aber irgendwann wird es Zeit, weiterzuziehen.

Etwas Sorge bereitet mir allerdings die Nachricht, dass mein Bus jetzt schon, bevor er überhaupt hier angekommen ist, zwei Stunden Verspätung hat. Aber was soll's. Dank der letzten Tage und meiner Tiefenentspannung kann mich nichts mehr aus der Ruhe bringen. Mein Laptop und das Handy sind aufgeladen und mit Serien und Hörbüchern bespielt, der Schlafsack und das Nackenkissen liegen bereit, warme Kleidung gegen die Klimaanlage ebenfalls, und ein Mittagsstopp in der Nähe eines McDonald's steht auch auf dem Plan. Ich bin vollkommen zuversichtlich und ertappe mich dabei, wie ich mich auf die achtzehn Stunden Busfahrt freue.

Bus- und Zugfahrten oder lange Flüge sind für mich geschenkte Zeit. Man ist frei von Verpflichtungen und kann tun, worauf man Lust hat. Bei diesem Gedanken spüre ich deutlich, dass ich mein deutsches Ich immer noch längst nicht abgelegt habe. Hier in Australien muss ich ohnehin nichts, und trotzdem habe ich unterbewusst immer noch das Gefühl, ich müsste mich fürs Nichtstun entschuldigen. Als bräuchte es etwas wie eine lange Busfahrt, um Untätigkeit zu legitimieren.

In Deutschland, im Alltag, gibt es immer irgendetwas, was wir müssen oder sollen. Das Geschirr müsste abgewaschen werden, ich sollte mich für den Job weiterbilden oder mich mal wieder mit einer Freundin treffen, weil ich mich so lange nicht gemeldet habe. Überhaupt sollte ich mehr mit meinen Freunden telefonieren. Ich empfinde es hier als regelrechte Befreiung, dass das nicht so einfach geht. Kosten, Zeitverschiebung und schlechte Verbindungen dienen als Ausrede, um nicht so häufig telefonieren zu müssen.

Was ist da bloß los mit uns? Wir haben immer und wegen allem ein schlechtes Gewissen, das sich nicht ablegen lässt. Wir melden uns zu wenig, tun zu wenig, bemühen uns zu wenig. Lässt sich das wirklich nur in einem Bus 16 000 Kilometer von zu Hause entfernt für eine gewisse Zeit abstellen? Egal ob ich am Strand liege oder abends im Bett Serien auf meinem Laptop schaue, ein kleiner fieser Teil in mir flüstert stetig: »Du solltest eigentlich ...« Was ich eigentlich sollte, verrät die Stimme nicht, sie sagt nur, dass ich doch nicht einfach so viel Zeit verschwenden kann.

Egal was ich mir sage oder was ich tue, ich werde das Gefühl nicht los, all diese Freizeit und das faule Leben gar nicht zu verdienen. Ich muss immer daran denken, dass all meine Freunde, Bekannten und ehemaligen Kollegen gerade produktiv und fleißig sind und jeden Tag hart arbeiten, während ich mein Geld verpulvere. Wie werde ich diese Gedanken los? Oder stimmen sie vielleicht sogar? Verhalte ich mich gerade verantwortungslos? Unvernünftig? Schon wieder drängt sich mir der Gedanke auf, ich sollte mir einen Job suchen und endlich wieder Geld verdienen. Ob ich das tatsächlich muss, steht auf einem ganz anderen Blatt, aber das Gefühl ist hartnäckig. Der Gedanke an meinen Kontostand lässt mich wieder entspannter werden und schickt mich zurück an den Strand.

Eines der Bücher, die ich in den letzten Tagen gelesen habe, war *Traumreisende* von Marlo Morgan. Es hat mir in diesen Knackpunkten mal eine ganz andere Seite aufgezeigt und mich dabei weitergebracht, die Schuldgefühle stückchenweise abzubauen. Ich hatte es mir extra für Australien aufgehoben. Nun finde ich noch einen ganz anderen, viel näheren Bezug dazu. Es handelt von einer 50-jährigen amerikanischen Ärztin, die als Anerkennung für ihre Arbeit mit jugendlichen Aborigines von einem Stamm geehrt werden soll und dann regelrecht auf einen mehrere Monate dauernden Walkabout verschleppt wird. Nachdem sie sich mit ihrer ungeplanten Reise abgefunden hat und damit, dass man all ihren Besitz zuvor verbrannt hat, beginnt sie von den Aboriginal People zu lernen und deren Lebensweise und auch sich selbst besser zu verstehen. Auch wenn die Erzählung zur Dream Time, der Entstehungsgeschichten der Aborigines, an vielen Stellen für einen naturwissenschaftlich überzeugten Geist wie mich schwer zu verdauen ist, habe ich doch einige Ideen und Gedanken aus dem Buch gezogen, die ich gern verinnerlichen möchte.

Während ich hier mit meinem Rucksack auf den Bus warte, wird mir klar, dass sich meine Einstellung zu Besitz enorm verändert hat. All mein Hab und Gut passt in meinen Rucksack und ich fühle mich damit besser denn je. Materialismus ist für mich definitiv nicht der Weg zum Glücklichsein. Jedes Mal, wenn es mir zu Hause schlecht ging, hatte ich das Gefühl, mir etwas Gutes tun zu wollen. Meist habe ich mir dann etwas gekauft: etwas Hübsches für die Wohnung, ein neues Accessoire, ein Kleidungsstück. Wenn ich mit meiner Zeit nichts anzufangen wusste, habe ich mir ein neues Hobby gesucht. Von hier aus betrachtet sieht das alles so aus, als hätte ich ein Loch in mir stopfen wollen. Aber das ist ja kein neuer Ansatz. Ich kenne viele Menschen, denen es genauso geht.

In solchen Momenten erlaube ich mir, faul zu sein. Mir fällt dann jedes Mal ein Spruch ein, den ich an der Wand gegenüber meines Schreibtisches angebracht hatte, um das stetige Schuldgefühl in der vermeintlichen Freizeit zu stillen: »Zeit, die du genossen hast, ist niemals verschwendet.« Das werde ich mir also immer wieder vorsagen, so lange, bis ich es verinnerlicht habe. Und vor allem, dass ich hart und lange für diese Zeit gespart und gearbeitet habe. Wenn ich mich also schuldig fühle, weil alle anderen gerade arbeiten, dann muss ich mir nur den Besitz vor Augen führen, den ich aufgegeben habe, um hier sein zu können. Jeder von uns hat die Wahl. Niemand wird zu irgendetwas gezwungen oder bekommt etwas geschenkt. In den wenigsten Fällen zumindest.

Abgesehen von den vielen Grübeleien, die mir durch den Kopf gehen, als ich auf den Bus warte, bin ich nun einfach gespannt, wie es weiter oben im Norden aussieht. Wenn hier die Hitze schon so ausgeprägt ist, bin ich neugierig, wie sich die tropischen Temperaturen dort anfühlen werden. Auch der Anteil der Aboriginal People ist im Nothern Territory, vor allem in Darwin, wo meine nächste Station sein wird, deutlich höher als in allen anderen Staaten, in denen ich bisher war. Nach den Büchern und den vielen Erzählungen auf meiner letzten Tour bin ich wirklich gespannt. Ich mache mir keine Illusionen darüber, denn ich habe schon oft gelesen und gehört, dass die Realität anders aussieht als das tolerante Bild, das uns von den Medien präsentiert wird. Aboriginal People werden als Alkoholiker und Nichtsnutze abgestempelt und Rassismus ist hier stark in der Kultur verankert. Zumindest bekomme ich diesen Eindruck jedes Mal, wenn ich mich mit australischen Hostelbesitzern oder Tourguides unterhalte. Es ist stets ein sehr emotionsgeladenes Thema, bei dem ich auf Eierschalen laufe. Bisher hat sich die australische Bevölkerung mir nur in einer Form gezeigt: 90 Prozent Australier, die vor vielen Jahren zugewandert sind, und zehn Prozent Aboriginal People, die sich zumeist in irgendwelchen Seitenstraßen aufhalten, entfernt von den touristischen und belebten Vierteln, oder als Touristenattraktion präsentiert werden. Bei diesem Gedanken werde ich unterbrochen, als endlich der Bus vor dem Hostel ankommt. Es wurde Zeit. Mittlerweile ist es fast zwei Uhr nachts und mir fallen die Augen zu. Also dann. Weiter geht's.

Darwin

Ein Weg entsteht, indem man ihn geht.

Franz Kafka

Nun ist es also offiziell: Ich bin in den Tropen und in Darwin angekommen. Von der Regenzeit merke ich allerdings wenig. Sie geht langsam zu Ende, und so war es gar nicht so falsch, jetzt hierherzukommen. Dank der erneuten Zeitverschiebung bin ich etwas durcheinander und hatte am Morgen das Gefühl, ewig geschlafen zu haben. Tatsächlich ist es noch sehr früh, als ich aufbreche.

Seit heute ist die Jagd auf Jobs offiziell eröffnet. Ich habe das dringende Bedürfnis, wieder etwas zu tun. Ob mich das Nichtstun letztendlich komplett erholt hat, die Neugier auf das Arbeiten in Australien so groß ist oder das schlechte Gewissen mich nun doch eingeholt hat, bleibt erst einmal offen. Aber wenn ich auf dieser Reise eines lernen will, dann, mehr auf mein Bauchgefühl zu hören. Und es sagt ganz deutlich: Such dir einen Job! Um allerdings überhaupt auf die Suche gehen zu können, brauche ich erst einmal ein australisches Konto. Also gehe ich einfach in eine Bankfiliale und mache einen Termin aus, der direkt am Nachmittag stattfindet – hier in Australien läuft alles so unkompliziert!

Anschließend gehe ich zur National Library, um im Internet nach Jobs zu suchen. Der Erfolg meiner Recherche hält sich allerdings in Grenzen. Pünktlich um fünf Minuten nach drei – in Australien bedeutet das alles unter 15 Minuten Verspätung – startet mein gut einstündiges Beratungsgespräch in der Bankfiliale. Mit rauchendem Kopf und eiskalten Füßen, die ich der Klimaanlage in der Bank zu verdanken habe, trete ich wenig später auf die Straße und muss schnell feststellen, dass mein produktiver Tag damit früher als geplant zu Ende geht. Hier schließt fast alles um 17 Uhr, leider auch das Job Centre, das ich eigentlich noch aufsuchen wollte.

Am nächsten Tag mache ich mich mit einem konkreten Plan zur Jobjagd auf den Weg in die Bibliothek und erledige einen Mini-Marathon an Aufgaben:

1. Lebenslauf kopieren ☑
2. Bewerbungsmappe für Mediserve erstellen, eine Vermittlungsagentur für Krankenpfleger ☑
3. Job Agency für Backpacker aufsuchen und informieren ☑
4. Im Kino nach freien Jobs fragen. Just for fun ☑
5. Mutig in verschiedene Hotels laufen und dort nach Arbeit fragen ☑
6. In der Bibliothek im Internet nach Jobs und WGs im Vorort suchen ☑
7. Plan für morgen erstellen: Weiter in Restaurants, bei Fast-Food-Ketten und Hotels bewerben und meine Anmeldung in der Job Agency abgeben! ☑ (Häkchen für die Erstellung des Plans.)

Danach fühle ich mich endlich wieder produktiv. Das allein würde vermutlich schon reichen, um mein schlechtes Gewissen verstummen zu lassen und eine weitere Woche am Strand zu verbringen, aber nun will ich auch Erfolg haben.

Am Samstagmorgen treffe ich Momoko, eine japanische Krankenschwester, die ich im Bus kennengelernt habe. Wir fahren zum Samstagsmarkt in Parap, einem Vorort von Darwin. Er ist kleiner, aber viel schöner als die Märkte, die ich bisher besucht habe: frei von Souvenir- und Billigständen und bestückt mit vielen verschiedenen Futterständen aus aller Herren Länder, dazwischen verschönern Stände mit Selbstgemachtem und Kunsthandwerk die Atmosphäre. Nach gut zwei Stunden sammeln wir Leckereien ein, die uns zuvor die Nasen lang gemacht hatten – darunter frisch gemixte Frucht- und Eisshakes und vietnamesische Gemüse- und Garnelenrollen in Honig-Soja-Erdnuss-Soße –, und suchen uns eine gemütliche Ecke zum Schlemmen und Unterhalten.

Es überrascht mich immer wieder, wie ähnlich sich Menschen in ihren Einstellungen und Ansichten, Lebenserwartungen und Zukunftsgedanken sein können, obwohl sie aus verschiedenen Ecken der Welt und völlig unterschiedlichen Kulturen kommen. Nun hat sich ein weiterer Ort auf meine zukünftige Reiseliste geschlichen: Japan. Momoko und ich unterhalten uns eine gefühlte Ewigkeit über unsere Lebensläufe, die Arbeit, Gegebenheiten und Gewohnheiten in Deutschland und Japan, die Situation von Frauen um die dreißig in beiden Ländern, aber auch über die Kultur der Aborigines, unsere Erfahrungen damit und die Einstellung der Australier ihnen gegenüber. Unser Gespräch ist sehr interessant und gibt mir noch lange zu denken, nachdem wir uns verabschiedet haben und ich mich wieder in Richtung Hostel aufgemacht habe.

Ich bin sehr naiv, was viele Dinge angeht, und dadurch, dass ich erst jetzt anfange richtig zu reisen und andere Kulturen kennenzulernen, habe ich viele Vorurteile, positive wie negative. Bisher hatte ich immer einfach angenommen, dass Menschen aus anderen Kulturen auch anders denken, anders fühlen und ganz andere Sorgen haben. Tatsächlich sind die Lebensweisen in entwickelten Ländern, egal wie groß der Kulturunterschied ist, doch sehr ähnlich. Gerade Frauen haben überall sehr ähnliche Konflikte: Wie erkläre ich meiner Familie und meinem Umfeld, dass ich noch nicht oder vielleicht sogar überhaupt nicht heiraten möchte? Dass ich mich gerne auf Karriere, Beruf oder Reisen konzentrieren möchte? Wie finde ich einen Partner, der das genauso lebt und akzeptiert? Diese Gedanken kreisen mir den restlichen Tag im Kopf, zusammen mit den Gesprächen über die Tatsache, dass sich viele Australier nicht mit der Geschichte ihres Landes auseinandersetzen wollen.

Nachdem meine erste Woche in Darwin jobtechnisch völlig ereignislos an mir vorübergezogen ist, siegt meine Ungeduld. Nach einer ziemlich schlaflosen Nacht ist mir klar, dass ich etwas ändern muss. Daher buche ich für Samstag einen frühen Flug nach Brisbane, ein Airport-Shuttle von Darwin zum Flughafen und ein Hostel in Brisbane für das Wochenende. Danach geht es mir ein wenig besser. Auch wenn die Frage bleibt, ob ich in Brisbane mehr Glück mit Jobs haben werde, aber ich vermute, die Chancen stehen besser, weil Brisbane mit seinen zwei Millionen Einwohnern und als drittgrößte Stadt Australiens doch deutlich mehr Auswahl bieten müsste. Schade ist allerdings, dass ich nun weder die Kimberleys noch den Litchfield Park oder den Kakadu National Park gesehen habe, aber mit viel Glück komme ich nach der Ostküste über Alice Springs hierher zurück und nehme diese Ziele dann in Angriff. Ich ziehe ein kurzes Fazit und gebe mir den April zur Jobsuche in Brisbane. Sollte sich in dieser Zeit nichts ergeben, werde ich vielleicht einfach die Ostküste bereisen und anschließend nach Deutschland zurückfliegen, mit einer tollen Reise und endlos vielen Erlebnissen im Gepäck. Auch wenn ich dann noch lange nicht alles von Australien gesehen haben würde, wäre es so besser, als irgendwann total frustriert zu sein. Ich lasse mich also überraschen, wie es weitergeht und was mein Schicksal für mich in petto hat.

Meinen letzten Freitag in Darwin verbummle ich, als mittags mein Handy klingelt. Am anderen Ende der Leitung ist Amy, sie arbeitet für eine Firma, bei der ich mich gleich bei meiner Ankunft in Darwin vor knapp zwei Wochen beworben hatte. Über einen Aushang im Hostel wurden Leute gesucht, die gerne mit Kindern arbeiten und Einblicke ins Fotografengeschäft bekommen möchten. Amy erklärt mir, sie hätte meine Online-Bewerbung gesichtet und sei sehr interessiert. Ich erzähle ihr, dass ich leider am nächsten Tag nach Brisbane fliege, aber sie wischt das Argument einfach beiseite. Ihre Firma hat auch Teams an der Ostküste, ob der Job denn für mich in Frage kommen würde? Sie erzählt mir dann noch ein bisschen davon, wie die Arbeit verlaufen würde, und von den sehr guten Verdienst- und Arbeitsbedingungen: Letztendlich reisen sie von Stadt zu Stadt und bauen in Shopping-Malls Stände auf, an denen Kinder fotografiert werden. Meine Aufgabe wäre es, die Eltern anzusprechen und sie davon zu überzeugen, Fotos machen zu lassen. Dafür bekäme ich etwas mehr als 600 Dollar pro Woche festes Gehalt, freie Unterkunft, Reisen zu den verschiedenen Orten und Provision für abgeschlossene Aufträge. Ich arbeite sechs Tage die Woche inklusive Samstag und habe einen Tag frei. Klingt gar nicht schlecht, und so wandelt sich das Telefonat schnell in ein Bewerbungsgespräch. Es folgt eine Einladung in ein nahegelegenes Shopping Center, wo derzeit ein Stand der Firma aufgebaut ist und wo ich für ein, zwei Stunden probearbeiten soll.

Ich will die Chance auf jeden Fall nutzen und sage etwas überrumpelt zu. Eine Stunde später sitze ich im Bus nach Casuarina, nicht ohne das Internet zu befragen, was mein Job eigentlich genau beinhaltet. Unter »Promotion« kann ich mir nicht wirklich etwas vorstellen, und es kommt mir seltsam vor, wildfremde Eltern anzusprechen, um Fotos von ihren Kindern zu machen. In Deutschland würde das völlig unseriös daherkommen, hier scheint es aber normal zu sein. Ich entdecke mehrere große Webseiten von Unternehmen, die das gleiche Prinzip bewerben: In mobilen Fotostudios werden die Kinder in hübsche Kleider gesteckt und mit Clownspielchen zum Lachen gebracht, um am Ende ein schönes Bild zu haben.

Während des Probearbeitens habe ich recht schnell den Bogen raus und erwische fünf Elternpaare, die mir Aufträge geben. Emma, die den Stand leitet und mich beurteilen soll, ist begeistert und versucht mich zu überreden, doch gleich noch eine Woche in Darwin mitzuarbeiten, um sie und Catherine, ihre Assistentin, zu unterstützen, da sie schon die ganze Woche unterbesetzt sind. Eine Woche später würde ich dann nach Brisbane fliegen, sodass ich an der Ostküste weiterarbeiten könnte. Nach kurzem Überlegen überwiegt die Neugier und ich nehme den Job an.

Am Tag darauf ziehe ich direkt mit in die Wohnung der beiden, bringe erfolgreich meinen ersten vollen Arbeitstag hinter mich und bin am Nachmittag um 120 Dollar, also 80 Euro, reicher. Abgesehen von meinen platten Füßen und meiner fransigen Zunge scheint es leicht verdientes Geld zu sein. Nach einem ausgiebigen Einkauf, den ich mir gleich gegönnt habe, um einen köstlichen vegetarischen Auflauf zuzubereiten, bin ich durch und durch zufrieden.

Gold Coast – Queensland

Am nächsten Tag ist Sonntag, und ich freue mich ein wenig auf das Gefühl, mir mal wieder einen freien Tag richtig »erarbeitet« zu haben. Bei diesem Gedanken möchte ich mir selbst am liebsten eine Ohrfeige verpassen, aber ich kann nicht aus meiner Haut – noch nicht zumindest.

Die nächsten beiden Wochen fühlen sich an wie Monate. Alles passiert schnell, chaotisch, und die Tage sind lang und sehr voll. Eine ganz neue Art von Arbeitsrhythmus entwickelt sich. Nach wenigen Tagen fliege ich bereits Richtung Osten an die Gold Coast, um dort mit einem anderen Team zu arbeiten. Mein Englisch verbessert sich wahnsinnig schnell, weil ich mit vielen Muttersprachlern zusammen bin und den ganzen Tag in der Fremdsprache kommuniziere. Ich werde immer selbstbewusster und fange an, sogar auf Englisch zu träumen. Das fühlt sich sehr merkwürdig an, aber ich freue mich darüber. Ich habe zum ersten Mal das Gefühl, eine Sprache wirklich zu verinnerlichen und sie nicht nur wie ein Werkzeug zu nutzen. Nach und nach verliere ich die Scheu, auf Menschen zuzugehen, und merke, wie ich, ohne nachdenken zu müssen, in Englisch auf ungewohnte Situationen reagieren kann. Nach einer Weile wird Englisch zu meiner Hauptsprache, was im Gegenzug meine deutsche Grammatik einrosten lässt und es immer anstrengender macht, in meiner Muttersprache zu kommunizieren. Ein faszinierendes Gefühl. Mein Team ist international. Eine Neuseeländerin, eine Engländerin, eine Kroatin – alle sind nach Australien ausgewandert, um hier zu arbeiten. Die Idee fasziniert mich, und ich denke immer öfter drüber nach, ob das auch eine Möglichkeit für mich wäre, was mich zugleich erfreut und erschreckt. Dieser Gedanke weitet meine Scheuklappen und macht mir deutlich, dass es mehr als einen Weg gibt, wie ich meine Zukunft gestalten könnte. Zum anderen ist es das erste Mal, dass mir in den Sinn kommt, tatsächlich dauerhaft an einem anderen Ort zu leben als in Deutschland. Was mich dabei erschreckt, ist, dass ich diese Idee durchaus als sehr angenehm empfinde. Mit Deutschland habe ich mich nie wirklich verbunden gefühlt. Ich schätze das deutsche Sozialsystem sehr und stelle immer wieder fest, wie stark die deutsche Kultur in mir verankert ist, was ich durchaus als positiv empfinde. Pünktlichkeit, Verbindlichkeit, Offenheit und Ehrlichkeit, die hier in Australien manchmal als ruppig und unhöflich angesehen werden, empfinde ich als positive Eigenschaften, auf die wir durchaus stolz sein können. Aber trotzdem habe ich mich nie wirklich patriotisch mit meinem Land verbunden gefühlt. Die Frage bleibt offen: Wenn es nicht Deutschland ist, was dann?

Wir wechseln wöchentlich das Shopping Center, und so bekomme ich auch nach und nach ein Gefühl für die Menschen, die hier leben. Wo kann man Lebensstile besser beobachten als in Einkaufszentren, wo sich das tägliche Leben abspielt? Ich beobachte erschreckend viele ältere Männer mit jungen asiatischen Frauen. Der Anteil der australischen Ureinwohner ist zumindest hier gleich null, was nach Darwin eine starke Umstellung ist. Dafür ist fast jeder hier tätowiert. Als ich eine Kollegin danach frage, erklärt sie mir, dass der Strand hier das sei, was bei uns in Deutschland oft Partys und Bars sind: sehen und gesehen werden. Schönheitsoperationen und Tätowierungen gehören da einfach dazu. Aha.

Anfangs hatte ich überlegt, mir in Australien meine erste Tätowierung zuzulegen. Nach diesen Massen an Tattoos ändere ich meine Meinung wieder. Hier fällt man viel mehr auf, wenn man kein Tattoo hat.

Auch wenn mich das nicht beeinflussen sollte, tut es das irgendwie doch. Ich war nie ein Mensch, der mit Trends geht oder der Masse hinterherläuft. Wenn es einen bestimmten Modetrend gerade an jeder Ecke zu sehen gibt, schreckt mich das meist eher ab. Und ich frage mich bei diesen Überlegungen, ob ich nicht doch innerlich schon immer eine kleine Rebellin war. Ich wollte keine Arbeitsbiene mehr sein und bin aus meinem Job ausgebrochen. Ich wollte kein 08/15-Leben mehr und bin allein auf Weltreise gegangen. Hier unten komme ich zu vielen Erkenntnissen über mich selbst. Nur die Frage, welche Schlussfolgerungen und Entscheidungen sich daraus ergeben, bleibt erst mal offen. Aber ich habe noch genug Zeit, all das für mich herauszufinden.

Was mich in den Einkaufszentren am meisten schockiert, sind die schlechten Zähne der Menschen – ich habe noch nie so viel Karies gesehen. Man kommt sich fast vor wie in einem Entwicklungsland, denn Zahnbehandlungen können in Australien nicht über die Krankenversicherung abgerechnet werden und sind somit schier unbezahlbar. Mir wird wieder einmal der Wert unseres deutschen Krankenversicherungssystems bewusst und auch der Sinn der vielen Zahnarzt- und Kieferorthopädenbesuche und der Zahnspangen während meiner Pubertät. Australier scheinen allerdings auch wenig Sinn für Zahnpflege zu haben. Schon morgens um 9 Uhr werden kleine Kinder mit Donuts, Cola und Pommes frites in ihren Buggys von ihren Müttern an mir vorbeigeschoben. Auch dass Kinder im Shopping Center im Schlafanzug herumlaufen, ist überhaupt nichts Ungewöhnliches. Sie wollen sich nicht umziehen lassen, sagen ihre Mütter, wenn ich danach frage.

Auch die Sozialstruktur ist hier ganz anders aus als in Deutschland: Die Familien haben mehr Kinder, sieben oder acht sind nicht ungewöhnlich. Die Mütter sind oft sehr jung, haben oft wenig Geld und leben von einem wöchentlich ausgezahlten Scheck. Trotzdem sind viele mit ihren Kindern jeden Tag im Einkaufszentrum, nicht selten von morgens bis abends. Was sie dort den ganzen Tag machen, bleibt mir unerklärlich. Ich frage mich, ob das lediglich an der Gold Coast so ist, werde aber wenige Wochen später vom Gegenteil überzeugt, als wir an der Ostküste in einem neuen Shopping Center ankommen. Hier zeigt sich das gleiche Bild. Es ist erschreckend, dass die sozialen Schichten hier so weit auseinanderliegen. Aber vielleicht habe ich das in Deutschland einfach nur nie wahrgenommen und die Verhältnisse sind ähnlich?

Ich versuche, mir all diese Fragen für meine Rückkehr zu merken. Wie blind man doch dafür wird, was sich direkt vor den eigenen Augen abspielt, wenn man es jeden Tag sieht. Das gilt für viele Aspekte. Dinge und Umstände, für die ich dankbar sein sollte und für die ich die Wertschätzung völlig verloren hatte.

Schon nach drei Wochen stelle ich fest, wie ich durch den neuen Job wieder ein bisschen mürbe werde, denn ich bin viel genervter und unausgeglichener, als ich es in den Wochen zuvor an der Westküste war. Im Grunde möchte ich den Job nicht mehr machen, aber die Bezahlung ist einfach zu gut. Das Pflichtgefühl ist es zumindest nicht, was mich hält – wenigstens das konnte ich weitestgehend ablegen.

Dafür mache ich andere Rückschritte in meiner Entwicklung: Dass ich wieder Zeit mit Menschen verbringen muss, weil sie Kollegen sind, statt bewusst auszuwählen, mit wem ich gern Zeit verbringen möchte, empfinde ich als deprimierend. Nun lande ich mit einer Engländerin und einer Schwedin in einem kleinen Nest namens Lismore. Sie könnten nicht gegensätzlicher sein als ich, beide feiern gern und viel. Als sie eines Abends gegen Mitternacht in eine Bar ziehen, bin ich froh, einmal ein paar Stunden für mich zu haben, auch wenn mir schon fast die Augen zufallen. Konstant in Gesellschaft zu sein zehrt stark an mir. Der künstliche Konkurrenzdruck, der in unserem Job herrscht, tut ein Übriges. Hier sind Neulinge bereits nach zwei Wochen Profis, denn der Wechsel der Jobbenden ist hoch und häufig. Da in den Teams lediglich Frauen sind, ist die Arbeitsatmosphäre manchmal ganz schön anstrengend. Ich kenne das auch noch aus meinem Beruf als Kinderkrankenschwester, diese Dynamiken sind leider nicht besonders gesund. Jede neidet es der anderen, wenn sie einen guten Tagesdurchschnitt ergattert hat. Zur »job security« soll man hier persönliche Tagesziele erreichen, wie sie einem so schön vorbeten, was schnell anstrengend wird, weil alle ständig damit beschäftigt sind, sich gegenseitig daran zu erinnern. So baut sich ein ziemlicher Druck auf, auch bei denen, die wirklich gut sind, was mich nicht unbedingt einschließt und damit die Druckschraube noch ein bisschen weiter zudreht. Trotzdem kann ich mich diesem Gedankenkarussell leichter entziehen als andere. Ich fände es schade, wenn mir das Geld durch die Lappen ginge, aber die anderen sind wirklich auf den Job angewiesen. Keine schöne Arbeitsatmosphäre, und mir wird ganz klar, was ich für die Zukunft definitiv nicht mehr möchte: einen Beruf, der von Druck und Konkurrenzdenken dominiert ist. Egal in welcher Form. Ich bin bestimmt kein fauler Mensch oder jemand, der seinen Job einfach aus Bequemlichkeit hinschmeißt, aber ich bin hier in meinem freien Jahr und habe nicht vor, mir das kaputt zu machen, indem ich mich durch diese Kindereien und Machtspielchen frusten lasse – dann suche ich mir lieber etwas anderes oder reise weiter. Gedanken wie diese erden mich immer wieder und lassen mich noch ein bisschen länger durchhalten.

Der wöchentlich ausgestellte Gehaltsscheck, den wir statt einer monatlichen Zahlung wie in Deutschland erhalten, hat durchaus auch psychologische Wirkung. Immer wieder Geld reinkommen zu sehen ist motivierend. Ein geschicktes Konzept. Es erschreckt mich aber auch, wie schnell ich mich in alte Verhaltensweisen zurückreißen lasse, so wie das »Durchhalten« von einer Woche zur nächsten. Ich versuche das Beste aus dieser Zeit zu machen, aber es wäre gelogen, wenn ich behauptete, sie würde nicht zu einer Masse an Tagen verschwimmen, die ich nicht unbedingt in Erinnerung behalten muss.

Morgens geht es um sieben Uhr aus den Betten, um neun Uhr starten wir am Set, und um 18 oder 20 Uhr schließen wir ab und fahren in unsere Unterkunft. Es entsteht ein monotoner Rhythmus, der mich ein wenig resignieren lässt. Der Kontakt nach Hause und zu Freunden wird weniger, weil ich nicht weiß, was ich berichten soll, und mich auch ein wenig schlecht fühle, weil ich nichts Positives berichten kann. Ich möchte mich nicht beschweren, weil ich mir damit wie ein verwöhntes kleines Kind vorkommen würde, also schreibe ich lieber gar nichts. Auch der Blog bleibt leer, und irgendwann kommen die ersten Nachfragen, ob es mir auch gut geht.

An den wenigen freien Tagen, die nicht mit Umziehen gefüllt sind, versuche ich so viel Zeit wie möglich für mich allein zu ergattern. Dann gehe ich viel spazieren, setze mich in Cafés oder bummle durch die Stadt, in der wir gerade sind. Unsere Unterkünfte sind meist große Wohnungen, in denen jede von uns ihr eigenes Zimmer hat. Im Gegensatz zum Hostel-Leben habe ich hier geradezu luxuriöse Zustände. Trotzdem fühle ich mich hier weniger allein als in einem 8-Bett-Schlafsaal und vermisse ein wenig die Anonymität darin. In Hostels konnte ich frei wählen, ob ich mich mit anderen austausche und mit wem ich mich unterhalte. Das habe ich zu schätzen gelernt und war oft ein paar Tage am Stück nur mit mir beschäftigt. Hier habe ich diese Möglichkeit nicht. Wir sitzen abends meist zusammen und schauen fern, kochen und essen und fahren gemeinsam zur Arbeit. Ich freue mich trotz der schönen Unterkunft, des eigenen Autos und der guten Bezahlung schon wieder auf die Zeit des Backpackens.

Von Adelaide über Sydney nach Brisbane

Nach zwei weiteren quälenden Monaten im winterlich kühlen Adelaide, wohin ich nach der Gold Coast versetzt wurde, geht mir eines Morgens unter der Dusche endlich ein Licht auf, und ich kündige wenige Stunden später meinen Job. Zwei Wochen muss ich noch durchhalten. Auch wenn das entstandene finanzielle Reisepolster nach zwei statt der geplanten drei Monate in diesem Job keine Daunendecke ist, so reicht es zumindest für eine Weile. Nach mehreren Wochen Flaute habe ich festgestellt, dass es noch etwas sehr viel Schlimmeres gibt als zu viel Stress, nämlich Langeweile im Job. Die vergangenen Wochen war es in den abgelegenen Shopping Centres so ruhig, dass ich oft stundenlang nur von einem Fuß auf den anderen gehüpft bin. Dumm herumstehen macht mich wahnsinnig und vor allem unzufrieden und genervt. Am Ende haben wir uns im Team fast ununterbrochen gestritten, über völlig belanglose Dinge – vermutlich aus purer Langeweile. Ich habe das Gefühl, nun »arbeitsreifer« zu sein als vor meinem Job. Also besteige ich nach Ablauf der Kündigungsfrist den Indian Pacific, einen der größten Züge Australiens, der mich in 24 Stunden von Adelaide nach Sydney bringt, um von dort aus nach Brisbane weiterzureisen und nun auch die Ostküste oberhalb der Gold Coast zu bereisen. Kurz zuvor habe ich mir einen Halbjahrespass für die größten Züge Australiens gekauft und spare damit deutlich im Vergleich zu den Flugpreisen, wenn ich den Pass regelmäßig nutze.

Adelaide ist mir trotz der suboptimalen Jobsituation sehr ans Herz gewachsen. Diese Stadt hat einen Kleinstadt-Charme, der sich mit seiner Mischung aus moderner Architektur im Zentrum und Kolonialarchitektur im Norden über die Wochen in mein Herz geschlichen hat. Mein Rucksack war beim Packen übervoll und musste kräftig ausgemistet werden. Ich habe mich wieder viel zu schnell daran gewöhnt, alles anzuhäufen und in ein Auto zu werfen. Nun, wo ich meinen Rucksack wieder selbst trage, sind die Prioritäten schnell klar. Überflüssige Kleidung wandert in die Altkleider-Container, die es auch hier gibt. Sämtliche Zeitschriften und Bücher werden aussortiert und auch der Lebensmittelvorrat wieder reduziert. Zurück im Abenteuer-Modus, kann ich es kaum erwarten, nun endlich die Ostküste zu erobern, die ich vor fast fünf Monaten erst einmal auf Eis gelegt hatte. Unglaublich, was in dieser Zeit alles passiert ist. Noch viel erstaunlicher finde ich allerdings, wie sehr ich mich seitdem verändert habe. Von meiner panischen, fast obsessiven Kontrollsucht ist nichts mehr übrig geblieben.

In Sydney habe ich zwei Übernachtungen gebucht, ansonsten weiß ich noch nicht, wann ich wohin weiterreise. Ich vertraue darauf, dass sich alles fügen wird. Ob die lässige, entspannte Art der Australier auf mich abgefärbt hat oder ob ich mich in Australien nun so heimisch fühle, dass ich keine Angst mehr vor dem Ungewissen habe, ist mir dabei relativ gleichgültig. Ich bin einfach froh, nicht mehr so viel Druck zu verspüren. Druck, den ich mir ganz offensichtlich selbst gemacht habe. Aber nicht nur diese Veränderung nehme ich wahr. Ich schlafe besser, die Albträume haben weitgehend aufgehört, und ich stelle fest, dass es nicht normal ist, ständig müde zu sein. Mir war in Deutschland gar nicht bewusst, wie erschöpft ich gewesen bin. Ich war nicht einfach nur müde, sondern dauererschöpft und konnte mich zu den meisten Dingen nur schwer aufraffen. Jede Erledigung empfand ich als anstrengend. Genau wie jede Verabredung, egal wie sehr ich mich darauf gefreut hatte. Die ersten Wochen und Monate in Australien habe ich unglaublich viel geschlafen, neun bis zehn Stunden pro Nacht waren keine Seltenheit. Nun komme ich mit sieben bis acht Stunden wunderbar aus, bin tagsüber nicht mehr müde und wache morgens ohne Wecker auf, bereit, den Tag voller Tatendrang anzugehen.

Ich wusste nicht, wie sehr mich meine Arbeit körperlich und seelisch ausgelaugt hat. Es brauchte den Abstand und die Zeit, um mir wirklich bewusst zu werden über das, was viele andere in meinem Umfeld schon lange vor mir erkannt haben: Ich steckte mitten in einem Burnout. Diese Erkenntnis erschreckt mich und beschämt mich zugleich. Wie kann ich als junger Hüpfer nach ein paar Jahren bereits einem Burnout erliegen, wenn es Schwestern gibt, die diesen Beruf dreißig oder vierzig Jahre lang machen? Bin ich so schwach? Ich schiebe den Gedanken von mir und will nicht weiter darüber grübeln, was das über mich aussagt. Stattdessen konzentriere ich mich auf das, was vor mir liegt. Ob es ein Zeichen von Schwäche ist oder nicht, ich beschließe in diesem Moment, nicht wieder in meinen alten Beruf zurückzukehren. Ich weiß instinktiv, dass er mich kaputtgemacht hätte, wenn ich noch länger geblieben wäre. Nein, das ist nicht die ganze Wahrheit. Er hatte mich bereits kaputtgemacht. Ich bin nur gegangen, bevor ich vollständig daran zerbrochen wäre. Das große Fragezeichen, das meine Zukunft nun darstellt, stimmt mich vorfreudig. Und ängstlich. Ich habe nichts anderes gelernt. Was soll ich also tun, wenn diese Reise endet?

Nach mehreren Zug- und Busfahrten lande ich letztendlich in Brisbane, einer Stadt mitten an der Ostküste Australiens. Dieser Ort hat mich wegen einer ganz bestimmten Eigenschaft schon immer gereizt: Es gibt dort über dreihundert Sonnentage im Jahr. Ich bin eine kleine Sonnenanbeterin. Wenn ich morgens die Augen aufschlage und blauen Himmel sehe, kann ich gar nicht anders, als mit guter Laune in den Tag zu starten. Brisbane hält sein Versprechen. Die wenigen Tage, die ich dort verbringe, um die Stadt, die Märkte und Sehenswürdigkeiten zu erkunden, sind zwar nicht sehr warm, schließlich ist es offiziell Winter in Australien, aber durchweg sonnig. Dank der vielen Klimaanlagen in den Zügen beutelt mich am ersten Tag in Brisbane eine Erkältung, aber da ich nicht wie sonst so lange weitermache, bis es nicht mehr geht, sondern mir einfach die Ruhe gönne, die ich brauche, ist das Gröbste am nächsten Tag wieder überstanden. Es ist erst das zweite Mal, dass mich während meiner Zeit in Australien so etwas wie Krankheit streift. In Deutschland hatte ich andauernd irgendetwas. Wieder ein deutliches Zeichen dafür, wie sehr Stress unser Immunsystem belastet.

Am Abend vor meiner Abreise aus Brisbane habe ich noch nichts geplant oder gebucht. Entspannt sitze ich vor meiner Karte und schaue, welcher Ort als nächstes Ziel in Frage kommt. Noosa, ein kleines Küstendorf etwa eine Stunde entfernt, würde sich anbieten. Ich habe bisher entweder sehr Gutes oder sehr Negatives darüber gehört, deshalb bin ich einfach neugierig auf diesen potentiellen Geheimtipp und will mir meine eigene Meinung bilden. Es ist der erste Ort auf meiner Reise, der nicht bereits auf meiner Karte markiert war. Ein Grund mehr, ihn zum nächsten Ziel zu machen.

Noosa

Ich buche eine kurze Busfahrt und lande am späten Abend in einem verschlafenen Nest. Eine weitere Premiere: Ich buche ein Flashpacker-Hostel, also die »Luxusvariante« eines Hostels, das einige Extras bietet, wie einen Pool und eine hübsche Außenanlage zum Entspannen. Bisher habe ich bei der Auswahl der Unterkünfte meist nur auf zwei Aspekte geachtet, alles andere war mir nicht wichtig: ob es sich um ein potentielles Party-hostel handelte (Finger weg!) und auf die Zimmer-größe. Den Schlafraum mit vier bis sechs Leuten zu teilen ist für mich völlig in Ordnung. Ab acht Personen gelange ich an meine Grenzen. Hier ist die Wahrscheinlichkeit einfach zu hoch, ständig angesprochen zu werden. Auch wenn ich nicht komplett unsozial bin, genieße ich es doch, oft für mich sein zu können. Um meine Gedanken hören zu können, statt sie in einem Dauerrauschen von Konversation zu ertränken. Ich merke immer mehr, dass ich darin ganz anders bin als die meisten Menschen. Wenn ich in Aufenthaltsräumen oder großen Hostelküchen sitze, beobachte ich, wie sich viele Reisende wie Magnete verhalten. Sie suchen Kontakt und neue Bekanntschaften und finden sie automatisch bei Gleichgesinnten, denen es genauso geht. Beim Kochen oder über einem Film, der im Fernsehen läuft, lässt sich ganz leicht ein Gespräch entwickeln.

Und dann gibt es die Menschen wie mich. Es gibt nicht so viele von uns oder wir fallen einfach weniger auf, aber wir sind da. Wir sitzen lieber allein in einem Sessel mit einem Buch oder liegen auf dem Bett, mit dem Laptop auf dem Bauch. Das beste Erkennungszeichen? Die Kopfhörer in den Ohren. Nichts zeigt so deutlich, dass man seine Ruhe haben möchte. Sie verhindern in den meisten Fällen, angesprochen zu werden. Diesen Effekt nutze ich oft auch, ohne dass überhaupt etwas aus den Kopfhörern kommt. Dann kann ich Menschen beobachten, meinen Gedanken nachhängen und spüren, wie sich meine Batterien aufladen.

Mit den Kopfhörern im Ohr steige ich nun in Noosa aus dem Bus und sehe sofort einen kleinen Shuttlebus mit dem Schriftzug meines nächsten Hostels. Es hat einen Barbecue-Bereich auf der Terrasse, einen Pool und einen hübsch gestalteten Aufenthaltsraum. Dadurch und durch die Nähe zum Sunshine Beach bekommt es ein wenig Resort-Atmosphäre. Leider haben das wohl auch die Party-Backpacker verstanden, und so merke ich schnell, dass der Biorhythmus der meisten Hostelbewohner stark von meinem abweicht. Bis vier Uhr nachmittags zu schlafen und dann die Nacht zum Tag zu machen ist hier Alltag. Solche Exzesse feiere ich nicht mehr, seit ich Anfang zwanzig war – und habe das auch nie vermisst. Seit langem fällt mir wieder mal mein Alter auf. Ich bin mit dreißig hier eher die Ausnahme. Aber genauso, wie sich die Party-Backpacker finden, finden sich auch in den kleinen und gemütlicheren Hostels die Reisenden zwischen fünfundzwanzig und fünfunddreißig. Hier allerdings nicht.

Ich verbringe den nächsten Tag mit einer kurzen Wanderung entlang der Küste. Noosa liegt auf einer kleinen Landzunge, sodass ich von dem kleinen Ort aus starten kann und ganz am Ende wieder am Sunshine Beach ankomme. Die Temperaturen sind angenehm, als ich am Vormittag meine Runde beginne. Durch die Bäume, die den Weg säumen, kann ich eine Handvoll Surfer auf dem Meer beobachten, die entspannt im glitzernden Wasser auf die nächste Welle warten. Die Szenerie sieht aus wie gemalt, und wieder durchströmt mich unendliche Dankbarkeit dafür, hier sein zu können und diesen Anblick zu genießen. Allein dafür haben sich die letzten Monate in einem langweiligen Job gelohnt. Ich weiß das Reisen nun wieder mit jeder Faser meines Körpers zu schätzen.

Nach der ersten Anhöhe bekomme ich den vollen Rundumblick geboten. Ich stehe am Zipfel der Landzunge in einem kleinen Nationalpark und blicke auf das endlose Meer hinaus. Ohne Vorwarnung durchströmt mich ein vollkommenes Glücksgefühl, als würde Sonnenschein durch meinen Körper fließen. Ich bin so dankbar, ganz für mich zu sein mit dieser Aussicht. Das Gefühl, mich nach jemandem umdrehen zu wollen, um diesen Moment zu teilen, habe ich abgelegt. Hier draußen, mit dieser unglaublichen Natur, bin ich mir selbst absolut genug. Und das macht mich stolz.

Durchnässt auf Fraser Island

Sei du selbst. Alle anderen sind schon vergeben.

Oscar Wilde

Nach drei Tagen und zwei weiteren Wanderungen um den Nationalpark steige ich wieder in den kleinen Shuttlebus des Hostels, der mich in den Ortskern und damit zur Bushaltestelle bringen soll. Auf dem Platz neben mir sitzt eine junge Deutsche. Wir kommen über die üblichen Fragen (»Wie lange warst du hier?«, »Wohin geht es jetzt?«) schnell ins Gespräch und sind einander sofort sympathisch. Nach wenigen Minuten tauschen wir unsere australischen Telefonnummern aus, bevor wir uns wieder trennen. Anna hat am Vormittag erst im Hostel eingecheckt und macht an diesem Tag die gleiche Wanderung wie ich an meinem ersten Tag hier, während ich schon mit dem nächsten Fernbus weiter nach Rainbow Beach fahre, von wo die Touren nach Fraser Island starten: die erste australische Insel, die ich besuchen möchte.

Am Abend treffen wir uns online und chatten bis in die Nacht. Anna beschließt am Tag darauf, auch nach Rainbow Beach zu kommen, und wir wollen uns dann gemeinsam eine Tour nach Fraser Island suchen.

Etwas, das ich auf Reisen schnell gelernt habe ist, dass es in seltenen Fällen einfach klick macht und ich instinktiv weiß, diese Person tut mir gut – und Anna ist eine davon. Den folgenden Tag quatschen wir endlos, während wir den kleinen Küstenort erkunden und Angebote für unsere Tour ausloten. Anna ist deutlich jünger als ich, fast zehn Jahre, aber auf Reisen spielen solche Faktoren kaum eine Rolle. In Deutschland hätte sie wahrscheinlich gerade Abi gemacht und würde bald ein Studium beginnen. Ich hingegen stehe bereits mitten im Berufsleben und mein Umfeld erwartet langsam Familie, Haus und Hund von mir. Hier sind wir einfach zwei Reisende, die Australien und sich selbst entdecken wollen. Nicht mehr und nicht weniger. Aber nicht nur das verbindet uns, auch unser Temperament ist sehr ähnlich. Wir quatschen und kichern den ganzen Tag wie zwei Teenager, haben aber auch kein Problem damit, abends nebeneinanderzusitzen und die Stille zu genießen. Viele Menschen haben sofort das Gefühl, Schweigen mit Worten füllen zu müssen, und deuten es als etwas Negatives, wenn man sich einmal fünf Minuten nichts zu sagen hat. Mir ging das nie so. Ein Mensch, mit dem ich in absoluter Stille auf einer Parkbank sitzen und die Leute ringsum beobachten kann, ist jemand, mit dem ich gerne meine Zeit verbringe. Es gibt nicht viele Menschen dieser Art in meinem Leben. Das ist vielleicht auch der Grund, warum ich so gern und so viel allein bin. Mit Anna fühlt es sich an, als wäre ich mit einem anderen Menschen allein. Und ich merke, dass es ihr genauso geht. Also beschließen wir, die nächsten zwei Wochen gemeinsam zu reisen. Es sind ihre letzten Wochen in Australien, und ihre Route endet in Airlie Beach, einem

Ort etwas weiter nördlich, von dem aus sie zurück nach Deutschland fliegen wird. Bereits nach dem ersten Tag weiß ich, ich habe in ihr eine neue gute Freundin gefunden, diese Freundschaft wird mit Sicherheit auch über diese beiden Wochen hinaus Bestand haben.

Freundschaften auf Reisen entwickeln sich entweder schnell und intensiv oder bleiben oberflächig und flüchtig. Es gibt nicht viel dazwischen. Aber mit den wenigen Menschen, die genauso ticken wie man selbst, fühlt man sich sehr viel schneller verbunden, als das zu Hause der Fall wäre. Das kommt zum einen durch die viele Zeit, die man hier miteinander verbringt – nach diesen zwei Wochen habe ich mehr Zeit mit Anna verbracht als mit vielen guten Freunden die letzten zwei Jahre –, und zum anderen durch die Extremsituation, in der wir beide gerade stecken. Beim Alleinreisen lernt man, völlig unverfälscht zu sein. Ich bin ich. Kein Einfluss von außen oder von anderen, der mich formt. Und so ist man ehrlicher zu sich selbst und damit auch zu den Menschen, die man kennenlernt. So teile ich meine Gedanken relativ schnell mit Anna. Warum empfinde ich Alleinsein als etwas Angenehmes und warum komme ich mir dabei unsozial und seltsam vor? Diese Frage beschäftigt mich seit dem Foto-Job sehr stark. Ich war zwei Wochen lang mit einer Kollegin unterwegs, wir haben uns ein Zimmer geteilt und so fast 24 Stunden täglich aufeinandergehockt. Ich konnte das bald nicht mehr und brauchte Zeit für mich. Stille und Raum, um meinen Gedanken freien Lauf zu lassen. Das hat sie überhaupt nicht verstanden und bezog mein Verhalten auf sich.

Mit Anna kann ich wunderbar darüber reden, weil sie genau die gleichen Erfahrungen gemacht hat. Es ist schwer, anderen Menschen zu erklären, dass es nicht sie sind, mit denen man keine Zeit verbringen möchte, sondern dass man einfach gern mit sich selbst allein ist. Mit den eigenen Gedanken, Gefühlen und der Möglichkeit, die vielen Erfahrungen zu verarbeiten, die sich über lange Zeit angehäuft haben. Letztendlich geht es den meisten Langzeitreisenden so. Es geht gar nicht mehr in erster Linie darum, die Welt zu sehen, sondern darum, sich endlich selbst zu sehen. Das war mir beim Aufbruch meiner Reise nicht so bewusst wie heute.

Am nächsten Tag treffen wir auf die Gruppe, mit der wir Fraser Island erobern werden. Wir haben die Tour spontan am Abend zuvor gebucht und damit ein Last-Minute-Schnäppchen gemacht. Das ist also die Belohnung für Spontaneität: Die Reisekasse wird auch noch geschont.

Wir sind eine bunte kleine Gruppe. Zwei junge Schweden, die auch noch beide Chris heißen, eine Deutsche, eine französische Studentin, ein junger italienischer Arzt und unser Tourguide. Er ist ein Mann mittleren Alters, der leicht als Santa Claus durchgehen könnte. Ich habe noch nie jemanden gesehen, der dieser Figur ähnlicher gesehen hat: ein runder, kugeliger Bauch, ein weißer Rauschebart und zwei kleine Pausbäckchen, die vor allem dann hervortreten, wenn er über seine eigenen Witze lacht. Dafür hat er ein Mundwerk, das unsere Ohren zum Glühen bringt. Er flucht ständig und jedes zweite Wort von ihm wird mit einem vorangestellten »bloody« versehen. Anna und ich sind uns sofort sicher, dass uns auf dieser Tour, trotz der etwas seltsam wirkenden Mitreisenden, keinesfalls langweilig werden wird. Wir sind beide froh, einander dabeizuhaben. Es ist tatsächlich das erste Mal, dass ich mich nicht nur über die Gesellschaft einer Mitreisenden freue, sondern es auch absolut nicht anders haben möchte. Unser Zusammenschluss kam nicht aus irgendeiner Notlage heraus, weil ich mich allein zu unsicher gefühlt hätte. Ganz im Gegenteil: Es war eine bewusste Entscheidung und ich bin froh darüber. Es ist auch das erste Mal, dass ich meinen Laptop nicht mitnehme. Drei Tage lang bleibt er mit meinem großen Rucksack im Hostel. Dabei fällt mir auf, dass ich den Blog bisher als unsichtbare Verbindung nach Hause angesehen habe und nun auch diese Verbindung bewusst unterbreche. Drei Tage lang werde ich einfach nur hier in Australien sein. Nirgendwo anders – nicht einmal in Gedanken.

Während unserer Überfahrt zur Insel werden wir von Delfinen begleitet und beobachten, wie sie mit unserem Boot flirten. Auf der Insel angekommen, fahren wir in unserem pinken Jeep durch ein kurzes Stück Regenwald und dann direkt auf den berühmten 70-Mile-Beach. Wir düsen die endlos wirkende Sandbank entlang, neben uns nichts als Regenwald und Meer. Die Insel ist weltweit einzigartig, weil sie als Sandinsel mit Regenwald bewachsen ist. Der macht seinem Namen in den darauffolgenden Tagen auch alle Ehre, unsere drei Tage auf der Insel versinken in Regenströmen. Albert, den wir liebevoll Santa nennen, kennt trotzdem keine Gnade und scheucht uns immer wieder auf Wanderungen durch den Regenwald oder durch offene, endlose Gebiete mit Sanddünen, während er unter Vorwänden immer im Zeltlager bleibt. Die meiste Zeit sind wir durchnässt bis auf die Haut, aber das stört uns kaum. Anna und ich albern einfach mit den anderen herum und lassen uns die gute Laune weder vom Regen noch von den häufigen Verirrungen nehmen. Diese drei Tage zeigen mir wieder, warum ich auf Reisen gehen wollte. Ich wollte Abenteuer erleben, neue interessante Menschen treffen und ganz ich selbst sein können, ohne mich darum scheren zu müssen, was andere von mir halten.

Ich habe schon lange nicht mehr so viel gelacht wie die vergangenen Tage. Ob über die schlechten Witze von Albert, die beiden verrückten Schweden oder mich selbst, weil ich blindlings in Pfützen trete, die mir fast bis zum Bauchnabel reichen – es spielt letztendlich keine Rolle. Ich bin komplett gelöst und fühle mich so frei wie noch nie. Das Ironische daran ist, dass diese Tour eigentlich eine absolute Pleite ist. Es regnet fast ununterbrochen, sodass unsere Zelte und Schlafsäcke bereits am zweiten Tag vollkommen durchweicht sind. Wir können die meisten Sehenswürdigkeiten kaum betreten, weil alles überschwemmt ist, und den dritten Tag verbringen wir im Waschsalon des einzigen Resorts der Insel, anstatt sie zu erobern. Wir sitzen in unseren letzten trockenen Kleidungsstücken auf den warmen Trocknern, während Anna und ich uns abwechselnd aus *Harry Potter* vorlesen und schmunzelnd einen der Chris' beim Bügeln seiner geliebten Turnschuhe beobachten.

Als wir am letzten Tag ein Abschlussfoto von unserer Gruppe schießen und uns von Albert und unserem pinken Jeep verabschieden, haben wir Unmengen an Anekdoten gesammelt und verbringen Tage damit, sie immer wieder hervorzukramen und darüber zu lachen. Es ist unglaublich, wie schnell wir uns an die Gruppe gewöhnt haben und wie sehr wir sie in der Woche danach vermissen. Aus irgendeinem Grund hat es mir dieses Mal nichts ausgemacht, kontinuierlich unter Menschen zu sein – was aber auch daran liegen könnte, dass es nur drei Tage waren.

Von der Sunshine Coast zum Airlie Beach

In der darauffolgenden Woche sind Anna und ich ziemlich ausgelaugt und gehen alles langsam und gemütlich an. Wir reisen von Küstenort zu Küstenort, entspannen, gehen spazieren und schießen Unmengen an Fotos. Eine weitere Leidenschaft, die wir teilen. An einem unserer letzten gemeinsamen Abende tauschen wir uns aus, welche Routen wir bereits bereist haben, und stellen irgendwann fest, dass Anna in Coral Bay aus genau dem Bus gestiegen ist, in den ich nachts um zwei Uhr eingestiegen bin. Ich glaube eigentlich nicht an so etwas wie Schicksal, aber ich bin froh, dass es scheinbar eingegriffen hat, um sicherzustellen, dass wir einander kennenlernen und ein Stück unserer Reise gemeinsam bestreiten. Der Abschied kommt viel zu schnell, und wir trennen uns schweren Herzens in Airlie Beach, von wo aus Anna nach Sydney fliegt, während ich weiter Richtung Norden ziehe.

Eines wird mir zunehmend bewusst: Egal wie viel ich plane, wie viel ich vorab recherchiere oder wie detailliert ich mir alles ausmale, es sind doch die unerwarteten Erlebnisse, diejenigen, die oftmals komplett schiefgehen, die mir lange in Erinnerung bleiben werden. Und besonders auch die Menschen, die ich auf Reisen kennenlerne. Noosa war nicht geplant, aber wäre ich nicht dorthin gefahren, hätte ich Anna verpasst. Fraser Island ist komplett im Regen versunken, obwohl überall stand, dass diese Insel Besucher stets mit Sonnenschein verwöhnt. Und doch waren es einige der schönsten, unbeschwertesten und lustigsten Tage meiner bisherigen Reise. Ich sollte diesen Entwicklungen definitiv folgen: Mir weniger Gedanken machen, was kommen könnte, und mich stattdessen mehr davon überraschen lassen, welche tollen Erfahrungen und Erlebnisse, vor allem aber welche Menschen da draußen noch auf mich warten. Es ist nicht leicht, diese Gedanken abzustellen, und zu Beginn meiner Reise wäre ich sicherlich nicht in der Lage dazu gewesen, selbst wenn ich mich hätte zwingen wollen. Aber langsam lerne ich, dass sich alles immer irgendwie fügt, sich irgendwie ergibt und gut ausgeht. Es wird Zeit, ein wenig mehr darauf zu vertrauen.

Ich werde faul. Anna fehlt mir und ich kann mich eine Zeit lang kaum für Unternehmungen motivieren. Sehenswürdigkeiten, die in meinem Reiseführer angestrichen sind, werden ausgelassen, stattdessen höre ich mehr auf das, was mir Spaß macht, und verbringe meine Zeit am Telefon mit Anna oder im Kino. Da sie noch in Australien ist, bloß am anderen Ende der Ostküste, fühlt es sich so an, als wäre sie immer noch da. Das erste Mal seit langem, dass ich Telefonieren sogar genieße. Mein schlechtes Gewissen, das mich anfangs auf Schritt und Tritt verfolgt hat, liegt genauso faul wie ich neben mir auf der Couch. Sehr schön.

Nach der langen Zeit, in der ich dachte, ich sei am besten allein unterwegs, ist es merkwürdig, nun zu erkennen, dass das vielleicht auch an den Menschen lag, mit denen ich unterwegs war. Meine Reisebegleitungen waren immer tolle Menschen, aber wir waren uns vom heutigen Standpunkt aus betrachtet oft einfach zu unähnlich. Ich kann also hoffen, dass ich nicht ausschließlich zum Einsiedlerkrebs geboren bin, sondern einfach die richtigen Menschen für meine Abenteuer finden muss. In jedem Fall sehe ich es als Bereicherung an, dass ich gelernt habe, wer ich in dieser Hinsicht bin, und dass ich mir meistens selbst absolut genug bin. Wenn ich an so viele meiner Bekannten denke, die nicht einmal allein shoppen gehen oder Sport machen, wird mir klar, dass ich selbst vor kurzem noch eine von ihnen war. Es macht mich wieder einmal stolz, die Fähigkeit zum Alleinsein auf meiner Reise dazugewonnen zu haben.

Magnetic Island

Mein nächster Stopp ist Magnetic Island. Ich habe ein kleines Paket gebucht, das drei Tage inklusive Hostel und Verpflegung auf der kleinen Insel an der Ostküste umfasst. Schon auf der Fähre treffe ich einen Deutschen, Martin, mit dem ich mich am ersten Tag zusammentue. Wir wandern und klettern über die ganze Insel bis zu einem Aussichtspunkt mit einem Rundumblick, der mir den Atem raubt. Als wir uns kurz vor Sonnenuntergang auf den Rückweg machen, sehe ich aus dem Augenwinkel etwas Kleines, Graues in einem Baum sitzen. Der erste Koala in freier Wildbahn, den ich selbst entdeckt habe. Er schläft eingekugelt auf einem schmalen Ast und blickt mich zerknautscht an, als ich ihn aus Versehen aufwecke, während ich Martin herbeirufe. Der Koala schaut mich mit genauso erstauntem Blick an wie ich ihn. Er zieht dabei gemütlich einen Ast mit Eukalyptusblättern heran und kaut darauf herum. Ich frage mich, wer hier gerade Landschaftskino mit Popcorn genießt – er oder ich.

Als wir am frühen Abend im Hostel ankommen, ist es ziemlich wuselig. Hier an der Ostküste wird besonders deutlich, wie die meisten Touristen und Reisenden eingestellt sind. Die Kontaktversuche sind noch ausgeprägter, die Feiermotivation noch größer.

Normalerweise würde ich mich unter diesen Bedingungen auf mein Zimmer verziehen, aber anscheinend haben die ruhigen vergangenen Wochen meine Toleranzgrenze etwas erhöht, und so nehme ich sogar am Kokosnuss-Bowling teil – und gewinne!

Mein zweiter Tag auf Maggie, wie die Insel liebevoll genannt wird, verläuft wieder sehr entspannt. Nachdem ich mich von diversen Mitreisenden losgesagt habe, was gar nicht so einfach war, kraxele ich wieder über die Berge zu den zwei schönen Buchten auf der anderen Seite der Insel. Ich lasse mich für Stunden an einem einsamen Strand nieder, und die Vorstellung, von einem Schiff gefallen und auf einer Insel gestrandet zu sein, ist gar nicht so abwegig. Bewaffnet mit Sandwichs, Wasserflasche, Äpfeln und meinem E-Book-Reader, verkörpere ich aber wohl eher die Luxusvariante einer Gestrandeten.

In Gedanken ziehe ich Bilanz. Ich bin nun fast sieben Monate unterwegs und mittlerweile absolut süchtig nach Reisen. Der Gedanke, im Januar wieder zurück nach Deutschland zu fliegen, hinterlässt mehr als nur einen bitteren Nachgeschmack. Ich fange an herumzuspinnen und überlege mir, den Rückflug nur zur

Hälfte anzutreten und von Kuala Lumpur aus die Chance zu nutzen, auch Südostasien zu entdecken. Ein kleines Stimmchen in meinem Kopf wird immer lauter und klarer: Warum eigentlich nicht? Ich habe so viel Positives darüber gehört, es soll weitaus günstiger sein als Australien, und wann werde ich wieder die Gelegenheit dazu bekommen? Fragt sich also vor allem eines: Habe ich die finanziellen Möglichkeiten, diese Chance mitzunehmen?

Bevor ich aufgebrochen bin, habe ich mich panisch in alle Richtungen abgesichert. Mein Reisekonto ist noch immer ordentlich gefüllt und kann mich ohne Probleme mit ein paar weiteren Wochen Jobben bis zum Ende meines Australienjahres finanzieren. Dann gibt es da noch ein anderes Konto mit einem Puffer für nach meiner Reise. Das möchte ich auf keinen Fall anbrechen. Egal wie entspannt und relaxt ich hier unten bin, meinen Sinn für die Realität habe ich nicht verloren, und ich weiß: Die Rückkehr wird nicht einfach und vor allem nicht umsonst sein. Aber da gibt es noch das dritte Konto. Wie so vieles, was ich in den vergangenen Jahren getan habe, habe ich dieses Konto aus Vernunft und Pflichtgefühl angelegt, um meine Bafög-Schulden anzusparen und zur Seite zu legen. Ich hatte einmal für eineinhalb Jahre versucht, Medizin zu studieren. Dank der seltsamen Regeln der Bafög-Behörde werde ich allerdings erst in fünf Jahren dazu aufgefordert, sie zu begleichen. Meine Spinnereien gehen weiter. Bis dahin ist es noch eine lange Zeit, und ich werde noch genug Möglichkeiten haben, das Geld wieder anzusparen. Aber wann werde ich noch einmal die Möglichkeit haben, so lange zu reisen? Ich werfe einen kurzen Blick rüber zu meinem schlechten Gewissen, das sich neben mir in der Sonne aalt und den Daumen hochhält. Ja. Abgemacht. Es geht weiter!

Von Cairns zurück an die Sunshine Coast

Die Tage ziehen ins Land und mein Reisetempo verlangsamt sich enorm. Nach Magnetic Island lande ich in Cairns, der nördlichsten Stadt der Ostküste. Als ich dort eines Morgens aufwache, muss ich den Kalender in meinem Computer befragen, um herauszufinden, welcher Wochentag heute ist. Ich stelle fest, dass ich schon fast drei Tage vor Ort bin. Meine Zeit wird nur noch durch Sonnenlicht bestimmt und Aufenthaltsdauer nur anhand der gebuchten Nächte gezählt, die einfach nach Belieben und bei Bedarf erweitert werden. Diese Etappe ist deutlich entspannter als die ersten zwei Monate meines Australien-Aufenthaltes. Trotzdem bin ich froh, den Beginn meiner Reise so zielstrebig durchgezogen zu haben, denn wie ich nun erkenne, werde ich mit zunehmendem Reisepensum bequemer und deutlich langsamer. Eine Trägheit überfällt mich, und ich fühle mich nicht mehr so getrieben, an den nächsten Ort zu kommen. Warum hetzen, wenn der nächste Ort doch auch morgen noch da ist? Es scheint, als habe ich endlich gelernt, das Reisen um des Reisens willen zu genießen und nicht mehr wie eine To-do-Liste anzusehen, die ich unbedingt abhaken muss.

Ich liege am Strand und ziehe Bilanz, was mir die letzten sieben Monate alles gebracht haben: 2855 Fotos, unzählige Kleidungsstücke, Arbeitskleidung, eine Kühltasche der heimischen Supermarktkette, 260 Gigabyte Filme und Serien, die ich mit Mitreisenden getauscht habe, eine neue Kamera, etwa 15 Zentimeter mehr Haarlänge, etwa sechs Nuancen Bräune und unendlich viele unvergessliche Momente. Das klingt ziemlich gut, vor allem im Vergleich dazu, was ich in der gleichen Zeit alles verloren habe: acht Stunden dank der Zeitverschiebung, einen Schlafsack, einen Bikini, etwa vier Nuancen Bräune (dank meiner Zeit in Adelaide) und mein Zeitgefühl. Mit dem, was ich in dieser Zeit entsorgt habe, weil ich es einfach verbraucht habe oder es ungenutzt oder unnötig war, toppe ich allerdings beide Listen: Unmengen von Kleidung (dank der fürchterlichen Waschmaschinen hier unten), zwei komplette Camping-Ausrüstungen (es war einfach unsinnig, sie weiter mitzuschleppen) und meine verkrampfte und zeitfixierte deutsche Einstellung. Diese Bilanz gefällt mir.

Die Bilanz auf meinem Konto allerdings weniger, wenn ich sehe, wie das Plus durch meine faule Einstellung in der letzten Zeit zusehends schrumpft. Es ist noch weit entfernt davon, kritisch zu werden, aber zuzusehen, wie die Dollars vom Konto verschwinden, ohne zu wissen, wann und wie ich es wieder auffüllen kann, macht mich trotzdem nervös. Ich beschließe also spontan, noch einmal eine Job-Phase einzulegen, und rufe meinen alten Chef bei der Foto-Firma an, um zu fragen, ob sie nicht an der Ostküste Verstärkung brauchen. Mit etwas Abstand gesehen war es gar nicht so schlimm, dort zu arbeiten, und einen Monat würde ich sicherlich überleben. Meinem Konto würde es auf alle Fälle guttun. Unkompliziert wie immer habe ich wenige Stunden später meinen alten Job wieder und sitze am Tag darauf im Bus nach Caloundra, einem kleinen Küstenort etwa 50 Kilometer nördlich von Brisbane.

Meine Motivation verabschiedet sich allerdings schon am zweiten Tag. Was habe ich mir eigentlich dabei gedacht, diesen quälenden Job wieder anzunehmen? Anders als bei der letzten Arbeitsetappe höre ich nun sofort auf mein Gefühl und kündige noch am selben Tag. Dank der entspannten Einstellung der Australier lässt mich mein Chef, ohne zu murren, nach zwei Wochen wieder ziehen. Ich lerne, noch mehr auf mein Gefühl zu hören, und die Einsicht, dass etwas nicht stimmt, kommt deutlich schneller bei mir an als früher. Vor allem ändern sich auch die Konsequenzen, die ich aus diesem Gefühl ziehe. Noch vor ein paar Monaten hätte mich mein Pflichtgefühl mit Sicherheit den ganzen Monat in diesem Job gehalten. Nun bin ich mir selbst wichtiger als ein Job, der nach zwei Tagen sowieso neu besetzt wird.

Zwischenstopp in Adelaide

Nach zwei endlosen Wochen sitze ich im nächsten Bus nach Sydney, um von dort aus den Zug zurück nach Adelaide zu nehmen. Diese Stadt wird mehr und mehr ein Fixpunkt für mich. Der Plan für die nächsten Wochen ist schnell gestrickt: Von Adelaide aus werde ich endlich ins Zentrum Australiens aufbrechen – und zwar mit einem der berühmtesten Züge der Welt: dem Ghan. Dann werde ich nach Darwin weiterreisen und die beim letzten Stopp dort verpassten Nationalparks besuchen. Damit hätte ich dann halb Australien in zwei Wochen bereist. Ein straffes Pensum! Ich frage mich kurz, ob ich wirklich zu diesem schnellen Reisen zurückkehren möchte. Aber die Lage ist klar: Zwischen Adelaide und Darwin liegt nur das rote Zentrum mit dem Uluru, dem heiligen Berg Australiens, den ich unbedingt sehen möchte. Meine Route besteht also die kurze Gewissensprüfung und wird direkt gebucht. Diese Planung wird mir auch Zeit geben, in den Tagen in Adelaide ein paar bürokratische Erledigungen zu machen. Ich bin wirklich verwöhnt. Die Tatsache, dass ich wieder einmal eine To-do-Liste anlegen muss, versetzt mich in Stress. In einem Jahr, in dem es ganz klar darum geht, einmal gar nichts zu müssen, sind jegliche Erledigungen eine Qual für mich.

Sydney bringt ein weiteres erstes Mal: Noch nie bin ich an einem Ort angekommen, ohne vorher eine Unterkunft gebucht zu haben. Ich schlage einfach in einem Hostel auf, das ich mir am Tag zuvor im Internet angeschaut hatte, und bekomme auch sofort ein Bett. Meine Zeit verwende ich vor allem darauf, die letzten Buchungen für die folgenden Reiseetappen vorzunehmen. Das Adrenalin fließt in Sturzbächen durch meinen Körper, und ich kann es kaum erwarten, neue Ziele zu erobern. Jede neue Reiseplanung lässt die gleiche Vorfreude entstehen wie zu Beginn meiner Reise.

Adelaide fühlt sich dieses Mal an, wie nach Hause zu kommen. Trotz der unschönen Arbeitsphase dort hat die Stadt ihren Reiz und ihre Anziehungskraft nicht verloren. Ich fühle mich wohl und aufgehoben in dieser kleinen Großstadt, in der ich fast jede Straße kenne und mich sogar besser zurechtfinde als in Frankfurt.

Am ersten Tag verschwinde ich in die Murdock-

Bibliothek, nachdem ich im Hostel ein paar neue Kontakte geknüpft habe. Ich liebe diesen Flügel der Staatsbibliothek abgöttisch. Er ist schon bei meinem letzten Aufenthalt hier zu einem meiner Rückzugsorte geworden. Umringt von den alten Büchern und dem dunklen, schweren Holz, fühle ich mich an meinem alten Schreibtisch auf einer Empore sehr geborgen. Hier recherchiere ich Infos zum IELTS-Test, einem internationalen Englischtest, den ich kommenden Monat gerne machen möchte und den ich gebrauchen kann, wenn ich in einem englischsprachigen Land arbeiten möchte. Momentan erscheint mir die Möglichkeit, meine Zukunft außerhalb Deutschlands anzugehen, gar nicht mehr so exotisch.

Als ich abends ins Hostel zurückkehre, lasse ich mich von Bettina, meiner deutschen Zimmergenossin, und einigen Jungs aus dem Hostel zu einem Pub-Besuch überreden. Seit meinem letzten Shoppinganfall besitze ich endlich wieder ein paar passable Kleidungsstücke zum Ausgehen, und es macht richtig Spaß, mich mal wieder ein wenig aufzuhübschen. Wir ziehen zu fünft los und landen nach unzähligen anderen Kneipen und Ciders schließlich im Pub schräg gegenüber dem Hostel. Unsere Gruppe wird immer größer und es wird in jedem Pub lustiger. Hier unten ist es so leicht, Bekanntschaften zu schließen, dass mir erst am Ende des Abends auffällt, wie viele neue Menschen ich getroffen habe.

Am nächsten Morgen brauche ich doppelt so lange wie üblich für mein Frühstück, weil ich die meisten Leute vom Vorabend im Hostel wiedertreffe. Schnell zeigt sich, mit wem ich tatsächlich auf einer Wellenlänge liege: Bettina, Will und Mario wohnen alle in meinem

Hostel, sind ungefähr in meinem Alter und für ein paar Monate in Adelaide. Wir verstehen uns auf Anhieb, und ich bin so authentisch wie sehr lange nicht, weil es mir zum ersten Mal in meinem Leben von der ersten Minute an völlig egal ist, ob mich jemand mag oder nicht. Ich versuche weder, mich zu verstellen, noch zu gefallen, um gemocht zu werden. Und sie tun es trotzdem – vielleicht genau deswegen.

Wir leihen uns nach dem Frühstück Fahrräder aus und fahren zum Strand, bepackt mit einem Korb voll Proviant und Decken. Ich habe seit der Tour auf Fraser Island nicht mehr so viel gelacht. Bettina arbeitet für drei Monate auf einer Farm in Adelaide. Will ist Kanadier und ein absolut durchgeknallter Typ. Mario kommt aus Italien und macht jeden Blödsinn mit. Er ist mit seinen 26 Jahren das Küken der Gruppe – und das in einem Land, in dem das Durchschnittsalter der Reisenden gefühlt bei 23 liegt. Wir verbringen fast drei Tage ununterbrochen gemeinsam auf Ausflügen in Adelaide, bei Filmabenden im Hostel und im Pub gegenüber bei Cider und Bier.

Ins rote Zentrum

Als ich abreisen muss, fällt es mir so schwer wie nichts sonst in den letzten sechs Monaten. Ich habe mich mit neuen Menschen noch nie so wohlgefühlt und möchte einfach nicht gehen.

Am Morgen meiner Abreise holt es mich ein wenig aus dem entspannten Flow des australischen Lebens, als ich um zehn Uhr auschecke und feststelle, dass mein

Zug um 12 und nicht um 18 Uhr abfährt. Innerhalb einer halben Stunde muss ich zusammenpacken und sitze dann um kurz vor elf Uhr mit Bettina an der Rezeption, um auf meinen Shuttlebus zu warten. Ohne mich richtig von den Jungs verabschieden zu können und ohne das geplante Abschiedsmittagessen bei Dumpling King, meinem chinesischen Lieblings-Restaurant in China-Town, das wir am Tag zuvor noch verabredet hatten, steige ich in den Bus. Der überstürzte Abschied bricht mir fast das Herz und bringt mich völlig aus dem Konzept.

Die vergangenen Tage gehörten zu den lustigsten des letzten halben Jahres, und ich überlege erneut, ob ich nicht mal wieder meine Reisepläne umschmeißen und nach meinem Besuch in Alice Springs nicht einfach wieder zurück nach Adelaide fahren soll. Die Idee fühlt sich gleichermaßen gut und verwirrend an. Es gab schon lange keine Menschen mehr, die mich an einen Ort zurückgezogen haben. Ich könnte auch versuchen, ein paar Wochen in Kliniken in Adelaide zu arbeiten, und so noch mehr Zeit mit Bettina, William und Mario verbringen. Immer wieder bin ich überwältigt, wie viele tolle und interessante Menschen ich auf dieser Reise kennenlerne – was ich dabei immer verdränge, ist, wie weh es tut, sich immer wieder verabschieden zu müssen.

Die nächsten 24 Stunden im Zug nach Alice Springs schaue ich Filme, grübele und starre aus dem Fenster. Drei Tage hat es gedauert und ich bin wieder einmal komplett verwirrt. Gerade wenn ich das Gefühl habe, Klarheit gewonnen zu haben, wirft mich diese Reise immer wieder aus dem Konzept. Es sammeln sich nicht nur unzählige Erfahrungen und Erlebnisse an, sondern auch massenweise Erkenntnisse über mich selbst.

Alice Springs lässt sich in einer halben Stunde Fußweg erkunden… wenn man sich Zeit lässt. Es erinnert in Klima, Umgebung und mit seinen Bewohnern stark an die nördliche Westküste, nur dass es noch etwas weniger grün ist und dass es noch ein paar Ureinwohner mehr gibt. Nach einem kurzen Erkundungstrip merke ich schnell, dass der Ort seinem schlechten Ruf nicht gerecht wird. Ich habe immer wieder gehört, wie hoch die Kriminalitätsrate sei und wie gefährlich es wäre, im Dunkeln auf den Straßen unterwegs zu sein. Diese Geschichten haben mir ordentlichen Respekt eingeflößt aber ich kann sie einfach nicht mit dem Bild zusammenbringen, das sich mir hier bietet. Die Menschen sind freundlich, und die Stadt hat trotz ihrer relativ isolierten Lage Charme, allerdings vor allem im Kern der Kleinstadt und der Fußgängerzone, viele andere Ecken stehen leer. Kurz vor Beginn des australischen Frühlings hat es hier tagsüber angenehme 30 Grad, abends sinken die Temperaturen allerdings sehr stark ab.

In der Nacht vor meiner Tour zum Uluru, dem bekanntesten Berg und Wahrzeichen Australiens, der auch als Ayers Rock bekannt ist, kann ich vor Aufregung kaum schlafen und bin schon um fünf Uhr hellwach. Als mich eine Stunde später der Tourbus einsammelt, bin ich völlig hibbelig, und nach drei Stunden stehen wir endlich vor ihm: dem roten, breiten Felsen, mitten in der Wüste.

Es überrascht mich, wie zerfurcht, durchlöchert und uneben dieser riesige Berg tatsächlich ist. Unsere Tourguides bewandern mit uns einige Stellen, zeigen uns uralte Felsenmalereien der Aborigines, erklären uns, wie die Ureinwohner den Berg nutzen, welche Rituale hier noch immer abgehalten werden. Außerdem weisen sie uns immer wieder darauf hin, wenn wir an Stellen kommen, wo Fotografieren aufgrund des Glaubens der Aborigines nicht erwünscht ist. Die meisten halten sich daran und respektieren diese Regeln, manche… nicht. Auch zu Beginn der Tour gab es ein wenig frostige Stimmung, als gefragt wurde, wer den Uluru erklettern möchte, und sich vier Hände hoben. Uns wurde erklärt, dass das zwar erlaubt ist, aber klar gegen den Glauben und die Wünsche der Aborigines geschieht. Den meisten Tourteilnehmern ist durch die vielen Erklärungen und Warnungen klar geworden, dass auch unsere Guides dagegen sind und uns Touristen eigentlich davon abbringen wollen, aber manche Leute sind einfach unbelehrbar. Es macht mich wütend, wenn ich Touristen erlebe, die keinerlei Respekt vor anderen Kulturen haben. Als wir am Klettersteig ankommen, verspüre ich ein wenig Schadenfreude den sturen Kletterern gegenüber, denn er ist aufgrund des starken Windes gesperrt. Ich wusste zwar, dass es nicht gern gesehen wird, auf den heiligen Berg zu klettern, aber dass die Aborigines auch ernsthaft um die Gesundheit und Sicherheit der Touristen besorgt sind, ist mir neu. Wenn ein Kletterer verletzt wird, bedauern sie das sehr und empfinden starkes Mitgefühl für ihn. Stirbt er, was tatsächlich mehrmals vorgekommen ist, fallen sie in tiefe Trauer. Es macht sie unglücklich, wenn eine Person auf ihrem Heiligtum zu Schaden kommt.

Es wird häufig von der »Dreamtime« der Aborigines erzählt, der sogenannten Traumzeit, weil die Menschen, die als Erste davon hörten, den Begriff so übersetzten.

Tatsächlich ist das falsch, denn die »Tjukurpa«, wie die Ureinwohner sie nennen, ist viel mehr als eine Traumzeit. Es ist der Beginn von allem. Das Wort meint die Entstehung der Welt, wie wir sie heute kennen. Gleichzeitig formt Tjukurpa aber auch das ganze Leben, die Regeln, nach denen die Ureinwohner leben, die Kultur, sogar wen man heiraten darf, ist darin festgelegt. All diese Dinge werden an die Kinder weitergegeben, und während sie heranwachsen, erfahren sie immer mehr über ihre Kultur, ihre Geschichte und ihre Gegenwart. Die Aborigines sind davon überzeugt, dass die Geister ihrer Vorfahren noch immer auf der Erde verweilen, besonders auf heiligem Boden wie dem Nationalpark. Das ist ein weiterer Grund, warum sie dagegen sind, dass der Uluru bewandert wird. Die Geister dürfen nicht gestört werden. Leider wird die Religion der Aborigines von vielen Australiern weder respektiert noch anerkannt. Mich fasziniert sie sehr. Ich habe erstmals das Gefühl, wirklich in diesen Kontinent einzutauchen und seine Geschichte zu begreifen. Allerdings macht es einem der Rest Australiens auch wirklich schwer, weil häufig so wenig davon zu spüren ist.

Zum Abschluss fahren wir auf einen etwas außerhalb gelegenen Aussichtspunkt, von dem aus wir bei Barbecue und Sekt den Sonnenuntergang am Uluru bewundern können.

Während die meisten anderen ihre Fotoapparate zum Glühen bringen, begnüge ich mich mit ein paar Schnappschüssen und lasse das Farbenspiel, das den Berg in wechselndes Licht taucht, einfach auf mich wirken.

Dies ist einer der Momente, bei denen ich mir sicher bin, dass er nicht nur in meiner Erinnerung einmalig bleiben wird, sondern dass ich ihn wahrscheinlich nicht nochmal erleben werde. Viele Orte und Sehenswürdigkeiten ziehen mich magisch zurück, aber dieses Erlebnis ist definitiv etwas, bei dem ein Besuch ausreicht. Der perfekte Ausklang des Tages wird vom Sternenhimmel auf der Rückfahrt durch das Nirgendwo noch überboten. Es hatten mir schon so viele Reisende davon vorgeschwärmt, aber der tatsächliche Anblick übertrifft alles. Abgesehen davon, dass man hier die Milchstraße noch deutlicher sehen kann als sonst, überspannen unzählige Sterne den Himmel, sogar der Horizont ist übersät von ihnen. Die komplette Himmelskuppel überzogen von Sternenlichtern.

Als ich am Abend im Bett liege, bin ich völlig überschwemmt von den Eindrücken, Geschichten und Anblicken des Tages, aber viel Zeit zur Verarbeitung bleibt mir nicht, denn schon am nächsten Tag steige ich wieder in den Zug.

Auf dem Weg nach Darwin kommen wir durch Katherine. Für 15 Dollar bringt uns ein netter, plauderfreudiger Busfahrer in den Stadtkern und gegen Mittag wieder zurück zum Zug. Er lebt hier und ist hörbar stolz darauf. Anfangs komme ich mir ein wenig auffällig vor, denn diese Stadt ist alles andere als touristisch. Das Touristenzentrum ist der einzige Hinweis darauf, dass sich Besucher auch hierher verirren, es gibt keines der üblichen Souvenirgeschäfte und alles ist einzig auf die Bewohner der Stadt angelegt. So wie es eigentlich sein soll. Abgesehen davon ist es wieder ein ungewohntes Gefühl, so viele Ureinwohner zu sehen, nach der langen Zeit an der Ostküste, wo sie nur vereinzelt in Erscheinung treten. In einer der Fußgängerstraßen finde ich mich plötzlich in einer überfüllten Straße als einzige Weiße wieder, und ich fühle mich wie ein Eindringling, kann aber nicht erkennen, ob die anderen das genauso empfinden. Gleichzeitig fühle ich mich in dieser Kleinstadt trotz der Kargheit, die sie genau wie Alice Springs ausstrahlt, wohl und geborgen. Aus Lautsprecherboxen an den Laternen in der Straßenmitte dröhnt überall das Community Radio, meist mit Songs von den Backstreet Boys oder Justin Bieber. Die Situation hat etwas Absurdes an sich. Die Stadt selbst strahlt so ein seltsames Gefühl von Liebenswürdigkeit aus. Nach dem ersten tristen Eindruck fühle ich mich wenige Minuten später sehr wohl hier. Es ist so ganz anders als alles, was ich kenne, und so typisch für das Bild, das ich vom Northern Territory hatte. Ich bin froh, dass ich erst jetzt hierherkomme, nach einer Zeit, in der ich schon ausgiebig in Australien gereist bin und mich an all die verschiedenen Eindrücke gewöhnt habe. Ein Europäer, der am Anfang seiner Reise hier landet, fühlt sich bestimmt wie ein Außerirdischer. Es wird mir in solchen Momenten und an solchen Orten besonders bewusst, wie anders das Leben und das Land hier sind. Ich glaube, mir liegt dieser Teil sogar fast mehr, weil er so gegensätzlich ist zu allem, was ich kenne. Ich liebe mein Leben hier unten. Und ich gewinne eine weitere Erkenntnis: Australien ist plötzlich nicht mehr die Fremde. Ich bin keine Fremde mehr und das Land ist mittlerweile mein Freund. Anfangs hatte ich immer das Gefühl, nie irgendwo wirklich anzukommen und immer irgendwie neu zu sein. Nun ist es genau andersherum. Überall, wo ich hinkomme, ob in gewohnte Umgebungen wie Adelaide und Darwin oder in neue Orte wie Alice Springs und Katherine, fühle ich mich wohl. Mag sein, dass das Klima dazu beiträgt. Aber ich glaube eher, dass dieses Land sich klammheimlich in mein Herz geschlichen hat. Und so traurig ich das auch finde, so habe ich doch zu Deutschland nie solch eine Verbundenheit gefühlt.

Australien ist ein unglaublich schönes Land, und es vergeht kaum ein Tag, an dem es mir nicht den Atem raubt. Das hatte ich so ganz und gar nicht erwartet, auch wenn man in jedem Forum von Reisenden liest, die herkamen und nie wieder wegwollten. Und schon gar nicht hatte ich erwartet, dass ich mich fragen würde, wie ich Australien nach dieser Reise am schnellsten den nächsten Besuch abstatten könnte.

Meine zweite Woche in Australien – Man sieht mir die Aufregung
der letzten Zeit noch ordentlich an

Sonnenuntergang in den Blue Mountains – Momente wie dieser
lassen mich auf Reisen komplett entspannen

Eines der bekanntesten Wahrzeichen Australiens und in Wirklichkeit noch viel atemberaubender: die Great Ocean Road

Ein Traum wird wahr! In Monkey Mia an der Westküste darf ich einen Delfin füttern

Coral Bay – sieht so das Paradies aus?

Trotz des nervigen Jobs weiß Adelaide mich zu begeistern

Das vollkommene Glücksgefühl überkommt mich auch in Noosa,
nahe Brisbane

Absolut berauschend: mein Scenic Flight über das Great Barrier
Reef

Das erste Mal einen freilebenden Koala sehen? Abgehakt!

Im roten Zentrum besuche ich die Kata-Tjuta-Berge und den
berühmten Uluru (Ayers Rock)

Nein warte ... das hier ist das Paradies! Jetzt bin ich sicher! –
Turquoise Bay, Cape Range National Park

Die Farben hier in Australien faszinieren mich immer wieder.
Auch hier im Karinjini National Park

Weihnachten im Sommer? Geht wunderbar!

Komplett entspannt und glücklich in Chiang Mai

Die Bayon-Tempel in Angkor Wat

Roadtrip-Fieber!

Leb in der Vergangenheit, wenn du traurig sein willst.
Leb in der Zukunft, wenn du ängstlich sein willst.
Und wenn du glücklich sein willst, genieße den
Moment.

Unbekannt

Am Tag nachdem ich in Darwin angekommen bin, das den besten Ausgangspunkt bildet, um den Norden und den Westen tiefer zu erkunden, plagt mich erneut eine Unruhe, die ich mittlerweile schon von mir kenne. Ich durchstreife also das Internet auf der Suche nach Inspiration und finde eine Anzeige von zwei Schwestern, die eine Mitfahrgelegenheit in ihrem Van Richtung Westen anbieten. Noch am gleichen Tag treffe ich mich mit ihnen und wir beschnuppern uns ein wenig.

Der erste Eindruck ist etwas durchwachsen, wandelt sich aber ganz schnell ins Gegenteil, und am Ende steige ich mit Begeisterung in ihren Reiseplan ein, der mich quer durch das Landesinnere bis nach Coral Bay bringen wird. Auch wenn ich nun wieder ein paar Stopps im Landesinneren verpasse, ergreife ich einfach die Chance. Weniger nachdenken, mehr leben!

Der Trip bringt mich schließlich nicht nur zurück in mein persönliches Schnorchelparadies Coral Bay, sondern auch in verschiedene Nationalparks und damit zu unglaublichen Naturschauspielen. Ich bin sofort wieder voller Reisefieber und Vorfreude. Adelaide wird noch etwas auf mich warten müssen. Zunächst müssen noch ein paar andere Abenteuer erlebt werden. Auch wenn ich die Gesellschaft meiner neuen Freunde vermisse, sind das Reisefieber und die Neugier stärker.

Den ersten Tag unserer gemeinsamen Reise verbringen wir mit Meilenschrubben. Gut 500 Kilometer lassen wir hinter uns, die meiste Zeit bringe ich dabei mit Landschaftsfernsehen zu. Mia und Ina geht es ebenso, und so hören wir über lange Etappen Musik, ohne uns zu unterhalten. Ich merke schnell, wie ich mich entspanne und die Sorgen über den Verlauf einer längeren Reise in Gesellschaft verliere. Ich kann aufatmen.

Gleich bei unserem ersten Treffen hatte ich mir ein Herz gefasst und den Mädels offen und ehrlich erzählt, dass ich sehr gerne allein reise und mit vielen Mitreisenden schlechte Erfahrungen gemacht habe, dass ich immer mal wieder Zeit für mich brauche und dass ich ganz klar sagen werde, wenn die Reise in Gesellschaft für mich zu Ende ist. Beide waren sehr verständnisvoll und teilen diese Eigenschaften zum Teil sogar, vor allem Mia, wie ich schnell feststelle. Sie schläft viel und träumt oft mit offenen Augen und Blick auf die Landschaft, genau wie ich.

Allerdings ist mir direkt bei unserem ersten Treffen aufgefallen, dass Mia anders ist. Ich kann es noch nicht greifen und will auch nicht fragen, aber sie sieht aus wie jemand, der irgendwo eine umfangreiche Krankenakte hat. Sie ist sehr schlank, klein und hat den Körper einer 15-Jährigen, obwohl sie schon fünfundzwanzig ist. Den Drang, darüber zu grübeln, was wohl dahintersteckt, kann ich selbst im entlegensten Winkel der Welt nicht ablegen – das Krankenschwester-Dasein ist einfach zu tief in mir verankert. Trotzdem frage ich nicht nach und warte, bis sie mir von selbst davon erzählen möchte.

Wir halten vor Einbruch der Dunkelheit an einem freien Zeltplatz direkt am Highway an. Es handelt sich um einen staubigen, unbefestigten Parkplatz mit einer einsamen Kochstelle inmitten von Eukalyptusbäumen und Heu, auf dem man kostenlos übernachten darf. Trotz der einfachen Verhältnisse ist es wunderschön. Der rote Staub und der blaue Himmel stehen in starkem Kontrast zueinander, und als die Sonne untergeht, taucht sie den Himmel in tausend Farben. Wir sitzen in Klappstühlen über unserem Abendessen und unterhalten uns, bis es ganz dunkel ist.

Mia und Ina sind sehr nett und umgänglich, aber für Schwestern erstaunlich unterschiedlich. Sie geben mir viel Freiraum und vor allem: mein eigenes Zelt. Während sie im Van übernachten, verschwinde ich also abends in mein eigenes Reich. Dahin ziehe ich mich auch recht früh zurück und liege ohne die Plane, einfach im Fliegennetz mit Blick auf den Himmel da – mitten im Outback bin ich durch und durch erfüllt von Zufriedenheit und Glück darüber, diesen Moment dazugewonnen zu haben.

Auf der Fahrt quer durch Australiens Zentrum hielt der Zug mitten in der Wüste an, wo ein Zugbegleiter zwei Pakete zu einem Zaun brachte, der ein kleines Gelände mit einem Haus darauf begrenzte. Ein älterer

Mann nahm die Pakete entgegen, und die Geschichte des ausgewanderten Einzelgängers sprach sich schnell im Zug herum. Er lebt dort seit über zwanzig Jahren, ganz für sich allein, nur versorgt vom wöchentlich vorbeikommenden Zug. Während ich hier so liege, in der absoluten Stille, umringt von Wüste und Sternenhimmel, kann ich ihn verstehen.

Über Kununurra nach Broome

Am nächsten Morgen brechen wir schon um sieben Uhr auf und kommen mittags in Kununurra an, einer kleinen Wüstenstadt. An einem See mitten in der Stadt bereiten wir uns ein Picknick zu, bevor wir einen kleinen Nationalpark erkunden. Am Abend erwartet mich eine weitere Premiere: Mia und Ina haben bereits auf dem Hinweg ihres Trips hier haltgemacht und haben in einer WG gecouchsurft. Also haben sie uns für diese Nacht wieder dort angemeldet.

Couchsurfing habe ich bisher immer mit großer Skepsis betrachtet. Ich bin nicht gut mit erzwungener Gesellschaft, und Couchsurfing basiert genau darauf: Kontakte schließen und Gesellschaft suchen. Zusätzlich war ich immer zu feige, als Frau allein zu couchsurfen, aber gemeinsam mit den beiden Schwestern ist das eine gute Trockenübung. Wir statten uns also im Shopping Centre mit Zutaten aus, um unseren Gastgebern als Dankeschön ein leckeres Abendessen zu zaubern. Unsere Schlafgelegenheit befindet sich im abgelegenen Teil der Stadt. Matt, der Besitzer, hat das Haus selbst gebaut. Er und seine Mitbewohner leben in einer netten Seitenstraße und haben mehr Schlafzimmer zur Verfügung, als ich zählen kann. Typisch australischer Platzüberfluss. Alle drei Bewohner sind berufstätig und Couchsurfer offensichtlich gewohnt. Wir suchen uns ein Zimmer aus und verbringen ein entspanntes Abendessen und ein paar Stunden mit den Hausbewohnern vor dem Fernseher, bevor sich alle in ihre Zimmer verkriechen. Ich weiß nicht genau, was ich erwartet hatte, auf alle Fälle nicht dieses entspannte Zusammensein. An Couchsurfing dieser Art könnte ich mich absolut gewöhnen.

Zurück unterwegs und im Camper pendeln wir uns auf für mich ungewöhnlich frühe Uhrzeiten ein und nähern uns so ein wenig einer Rentnerreise an. Da es abends gegen halb sieben dunkel wird und wir deshalb spätestens um acht Uhr mit Kochen und Abendessen fertig sind, landen wir nicht selten um halb neun in den Schlafsäcken – was den Vorteil hat, dass wir morgens gegen fünf Uhr topfit auf der nicht vorhandenen Matte stehen und einige unbeschreibliche Sonnenaufgänge miterleben. In den Nächten, die ich unter dem Moskitonetz verbringe, geht somit wortwörtlich die Sonne über meinem Bett auf. Wer kann das schon behaupten?

Ein paar Tage später kommen wir nach Broome und machen uns gegen Mittag auf zum Cable Beach, dem berühmtesten Strand der Stadt. Es ist schwer zu erklären, wie Sand und Meer jedes Mal wieder anders in Weiß und Türkis strahlen, und ich schaffe es einfach nicht, die Unterschiede auf Fotos festzuhalten. Mia und mir ist nach der langen Autofahrt nach Bewegung, und so wandern wir eine gute Stunde am Meer entlang, während Ina an ihrer Bräune arbeitet.

Mia erzählt mir schließlich ohne Drama oder Scheu, dass sie an Mukoviszidose leidet – einer angeborenen und unheilbaren Stoffwechselerkrankung, die den Schleim im Körper, der zum Beispiel in Lunge oder Darm vorkommt, zäh macht und damit Verdauung und Atmung schwer einschränkt. Sie hat bereits eine Lungen- und eine Lebertransplantation hinter sich, die die Symptome ihrer Erkrankung eindämmen. Außerdem reist sie mit einer kleinen Kühlbox voller lebenswichtiger Medikamente, die vom Motor unseres Vans gespeist wird. In meinem Kopf spult sich eine Kaskade aus Diagnose, Prognose und Lebenserwartung ab, ohne dass ich es verhindern könnte. Sie spricht offen darüber, vermutlich auch, weil ich ihr erzählt habe, dass ich Krankenschwester bin, und sie weiß, dass sie mir nicht viel erklären muss.

Doch auch wenn mein Beruf sofort wieder in mir erwacht, hat sich mein Denken verändert. Anstatt ihre Krankheit und die Therapie zu analysieren, so wie ich es früher getan hätte, stellen sich mir heute ganz andere Fragen, die ich ihr aus Zurückhaltung allerdings nicht stellen möchte: Reist du, weil du weißt, wie kostbar das Leben ist? Hast du keine Angst davor, was passiert, wenn du hier draußen ärztliche Hilfe brauchst? So mitten im Nirgendwo, wo wir noch vor ein paar Tagen gesteckt haben? Hattest du die gleichen Sorgen und Ängste wie ich, als du losgereist bist, oder sind Fragen wie »In welchem Hostel schlafe ich?« und »Welche Kleidung packe ich ein?«, verglichen mit der Frage, wie du deine Medikamente bekommst und unterbringst, völlig nebensächlich?

Mia erzählt, dass sie alle drei Monate nach Deutschland reisen muss, um ihre Medikamente aufzustocken und sich untersuchen zu lassen, aber dass sie sich davon nicht bremsen lässt. Sie hat vor, ihr Work-and-Travel-Jahr voll auszukosten und anschließend weiterzureisen. Ich zweifle keine Sekunde daran, dass sie auch genau das tun wird. Ihr Weg lässt mich staunen. Wenn sie reisen kann, dann kann es jede.

Vom Karijini National Park in den Cape Range National Park

Auf dem Weg nach Tom Price, dem Eingangsort zum Karijini National Park im Westen Australiens, erleben wir am folgenden Tag ein ungewöhnliches Schauspiel auf dem sonst recht öden Highway: Ein Sandsturm tobt sich vor uns aus und wir müssen mitten hindurch. Ich komme mir vor wie in einem Gruselfilm, als wir darauf zufahren und er uns für einige Sekunden vollständig verschlingt. Um uns herum ist nichts als Staub und Wind. Danach vervollständigen die vorbeiwehenden vertrockneten Büsche das Bild vom Wilden Westen. Wieder einmal habe ich das Gefühl, mich in einem Dauertraum zu befinden. Die Natur, die Erlebnisse und die Menschen hier sind oft unreal für mich, weil alles so anders ist als das, was ich bisher kannte. Mittlerweile verwirren diese neuen Eindrücke mich aber nicht mehr so sehr wie am Anfang, sondern ich sauge alles auf wie ein Schwamm. Ich kann nicht genug davon bekommen, und es fühlt sich langsam an wie eine Sucht, die gestillt werden will. Sobald ich mehrere Tage oder Wochen an einem Ort verbringe, an den ich mich gewöhne, kribbeln mir die Füße und der Kopf verlangt gierig nach neuen Eindrücken. Ich fühle mich so lebendig wie noch nie und habe schon Angst vor der Zeit nach meiner Reise. Wie soll ich es jemals wieder an einem einzigen Ort aushalten können, jetzt, wo ich weiß, was die Welt alles zu bieten hat?

Wenig später passieren wir das Eingangsschild des Karijini National Park und fahren durch eine karge Felsenlandschaft ins Innere. Schon von weiter draußen sind die Strukturen der Berge und Felsen beeindruckend und lassen mich neugierig werden auf das Zentrum des Parks. Nachdem wir eilig unser Nachtlager eingerichtet haben, brechen wir auf zu unserem ersten Spaziergang, um uns einen kleinen Überblick zu verschaffen. Vorbei an Büschen, mannshohen Termitenhügeln, schwarz-weißen Bäumen, die sich umeinanderschlängeln, und Wildblumen geht es auf dem gewohnten rostroten Sand zum ersten Aussichtspunkt, der einen beeindruckenden Blick über die riesigen Schluchten und den Circular Pool bietet, eine kleine Wasserstelle in der Tiefe. Die Aussicht ist überwältigend, besonders in den bunten Farben der gerade untergehenden Sonne, und wir können es kaum erwarten, alles morgen von Nahem zu bewundern.

Mit vollgepackten Rucksäcken, Kappe, Sonnenmilch und reichlich Wasser ausgerüstet geht es am nächsten Morgen los. Wir starten auf dem gleichen Weg wie tags zuvor. Als wir über Stock und Stein einen steilen Abhang hinunterklettern, bleibe ich alle paar Meter stehen, um den Ausblick über das Tal zu genießen. Hinter jeder Ecke bietet sich eine neue unglaubliche Aussicht bis wir am Grund der Schlucht ankommen und in Richtung der Fortescue Falls weiterwandern, der Wasserfälle des Nationalparks. Wir kämpfen uns durch Gestrüpp, überwinden kleine Bachläufe und streifen an Felsen entlang. Hier könnte man sicher Wochen verbringen!

Schließlich kommen wir an einen ausufernden Bachlauf, der in einer Art Pool mit vielen kleinen Wasserfällen endet. Ein traumhafter Anblick! Dieser Ort wird zu meinem persönlichen Highlight des Parks. Noch dazu ist er nicht übermäßig bekannt und wir treffen auf unserem Weg kaum andere Wanderer. So haben wir dieses kleine Juwel ganz für uns. Nach etwa zwanzig Minuten weiterer Kletterei durch Felsen und Bach kommen wir zu den Fortescue Falls. Über zwanzig Meter bauen sich stufenartig Felsen vor uns auf, über die sich ein breiter Wasserfall ergießt. Das könnte eine perfekte Filmkulisse sein und kein Foto wird der Schönheit des Anblicks gerecht. Völlig berauscht von der Natur, möchte ich all diese Momente greifen und nie wieder loslassen. Nach ein paar Tagen reißen wir uns dennoch schwermütig los und fahren weiter nach Coral Bay.

Wie sehr habe ich diesen Ort vermisst! Es ist schwer zu erklären, aber schon jetzt gibt es Orte und Ecken in Australien, an die ich ein Stück meines Herzens verloren habe und wohin ich sicherlich immer wieder zurückkehren werde. Ich weiß nicht, warum, aber ich spüre, dass ein Teil von mir hierhergehört.

Als wir in Coral Bay ankommen, hadere ich kurz mit mir, ob ich wirklich mit Mia und Ina weiterziehen oder langsam allein weiterreisen soll. Ich spüre die leichte Gereiztheit in mir hochkommen, die mich zwickt, wenn ich zu lange mit anderen Menschen zusammen bin. Da wir aber alle den unteren Teil der Westküste bereits gesehen haben und in ein paar Tagen in Perth sein müssen, beschließen wir, diese Reiseetappe zusammen zu beenden.

Schon bevor wir in Coral Bay ankamen, hatte Ina mit einem Freund aus Exmouth Kontakt aufgenommen, der gerade zufällig auch dort ist und den wir treffen werden. Roger ist Ranger im Cape Range National Park, der sich über die gesamte Küste zwischen Coral Bay und Exmouth erstreckt, und lebt tageweise in beiden Städten. Er bietet uns an, am nächsten Tag nach Exmouth zu kommen, um uns den Cape Range National Park und die Küste zu zeigen. Obwohl ich mich noch immer wundere, wenn jemand so ein großzügiges Angebot macht, ohne eine Gegenleistung zu erwarten, willigen wir ein. Ich fühle mich ein wenig an meine Kindheit erinnert, als ich eingetrichtert bekam, keine Süßigkeiten von Fremden zu nehmen, aber in der Gesellschaft von Mia und Ina schiebe ich diesen Gedanken beiseite.

Nach einer erholsamen ersten Nacht in Rogers Haus, das zwei leere Zimmer für uns bereithält, geht es bepackt mit Vorräten auf Jagd nach dem »richtigen« Exmouth. Roger zeigt uns die abgelegensten Ecken des Nationalparks und bringt uns zu den Verstecken der abenteuerlichsten Tiere. Irgendwann fällt ihm ein blauer Fleck an meinem inneren Oberschenkel auf. Ich hatte ihn für einen ziemlich hartnäckigen Insektenstich gehalten, der stark juckt und absurde Farben angenommen hat. Roger hingegen diagnostiziert mir einen Spinnenbiss. Vor sechs Monaten hätte ich jetzt einen Riesenschock bekommen, aber nun fühle ich mich, als hätte man mir den Prüfstempel aufgedrückt. Wenigstens eine der gruseligen Geschichten, die man mir vor der Reise erzählt hat, muss ich doch schließlich bestätigen können, wenn ich aus Australien abreise. Jetzt fehlen nur noch die todbringenden Schlangen, Quallen, Krokodile, Fluten, Zyklone und Erdbeben. Acht Monate bin ich nun hier und ich habe nur einen läppischen Spinnenbiss abbekommen. Lachhaft. Wie soll ich denn da dem tragischen Australien-Mythos gerecht werden? Anders als mit Humor kann ich den ganzen Horrorgeschichten, die ich mir vor meiner Abreise immer wieder anhören musste und auch jetzt noch scherzhaft in Telefonaten erzählt bekomme, nicht mehr begegnen. Ich werde mit jedem Tag furchtloser. Das zeigt sich auch im langsamen Verschwinden des grundsätzlichen Misstrauens anderen Menschen gegenüber, das in Deutschland stark ausgeprägt war. Wenn mich in Frankfurt jemand auf der Straße anspricht, bin ich skeptisch und frage mich, was er oder sie von mir will. Teilnahme an einer Umfrage? Kleingeld? Wir sind es gewohnt, dass es nichts ohne Gegenleistung und Erwartungshaltung gibt. Hier in Australien wird mein Weltbild in dieser Hinsicht aus den Angeln gehoben und ich werde zu einer neuen Art der Offenheit erzogen.

Am frühen Nachmittag des zweiten Tages unserer Tour kommen wir am Haus eines Freundes von Roger inmitten des Nationalparks an, wo wir die Nacht verbringen werden. Bei seinem Anblick bleibt mir der Mund offen stehen. Dieses Haus ist mein persönliches Paradies! Gebaut aus riesigen Lehmblöcken und Holz, ist es ein absolutes Schmuckstück mit genug Platz für drei Familien. An den Überfluss an Raum und Platz in diesem Land werde ich mich wohl nie gewöhnen können. Der Sonnenuntergang am Abend mit Blick auf das Meer in der einen Richtung, der übergroßen Veranda und den Hügeln auf der anderen Seite, ist dann das i-Tüpfelchen. Im selbstangelegten Großgarten sprießen Tomaten, Paprika in allen Farben, Zucchini und zahlreiche Kräuterarten. Der riesige Jacuzzi direkt daneben lässt das Ganze noch unwirklicher erscheinen. Phil, der hier lebt, hat vor etwa einem Jahr die Stelle als Ranger angenommen. Weil die Gegend so abgelegen ist, bekommt er dieses kleine Schmuckstück mit allen Nebenkosten für 80 Dollar pro Woche. Ich überlege kurz, ihn zu fragen, ob er mich heiratet, aber diese Abgelegenheit wäre selbst mir ein bisschen zu extrem.

Wir verbringen einen lustigen Abend mit einem großzügigen Barbecue, und Phil weigert sich, irgendeinen Beitrag von uns anzunehmen. Diese Art von Gastfreundschaft, die Roger und Phil uns schenken, beschämt mich. Sie beherbergen uns, führen uns herum und schenken uns ein köstliches Abendessen – und erwarten dafür nichts als ein Dankeschön und unsere Begeisterung für ihr wunderschönes Land.

Drei Tage später kommen wir in Perth an, was das Ende unserer Tour bedeutet. Ich verabschiede mich von Mia und Ina und frage mich, ob ich sie jemals wiedersehen werde.

Nun folgt die längste Zugfahrt Australiens, auf der es über 48 Stunden vom westlichen Zipfel bis in die Mitte der Südküste nach Adelaide geht. Unterwegs tanke ich meine Batterie auf, starre auf die kargen Wüstenlandschaften, die endlos an mir vorbeiziehen, und verarbeite die vielen Eindrücke der vergangenen zwei Wochen. Ich komme ins Grübeln. Wenn ich an die vergangenen Jahre denke, waren manche so unbedeutend, dass ich mich nicht erinnern kann, ob in ihnen überhaupt etwas Erwähnenswertes passiert ist. Ich beschließe hier und jetzt, es nie wieder so weit kommen zu lassen. Wahrscheinlich werde ich nicht immer so viel erleben können wie in den letzten Monaten, aber zumindest möchte ich, dass Jahre mehr Raum in meinen Erinnerungen einnehmen als nur eine kleine Ecke einer Schublade. Dass diese Reise kein gutes Vorbild für mein restliches Leben ist, ist mir klar. Ich bin seit acht Monaten hier und musste nur dreieinhalb davon arbeiten. Gerade habe ich einen dreiwöchigen Bali-Urlaub über meinen Geburtstag im nächsten Monat geplant und muss nur noch etwa sechs Wochen arbeiten, um die restliche Reise zu finanzieren. Ich werde hier vom Leben verwöhnt. Und ich liebe es! Kurz überfällt mich ein Schauer bei dem Gedanken daran, wie ich jemals wieder ein geregeltes Leben ertragen soll, mit Terminen und Tagen, an denen ich tatsächlich eine Uhr benutzen muss … Aber damit beschäftige ich mich, wenn es so weit ist. Keine Minute früher.

Zurück in Adelaide

Endlich wieder im Hostel in Adelaide angekommen, mache ich mich nach einem großzügigen Einkauf an die Vorbereitung meines Abendessens und bekomme kurz darauf Gesellschaft von Mario, mit dem ich den halben Abend quatschend in der Küche verbringe. Die Erinnerung daran, warum es mich nach dem kurzen Besuch vor ein paar Wochen so dringend wieder hierhergezogen hat, kommt schnell zurück. Die Runde wächst über den Abend weiter an, weil sich immer mehr Leute nach der Arbeit dazugesellen, jedes Mal begleitet von einem großen Hallo, weil ich wieder da bin. Es ist das erste Mal auf meiner Reise, dass ich zu Menschen zurückkehre und nicht nur zu einem Ort. Das gibt mir ein wohliges Gefühl.

Gegen elf Uhr geht es – entgegen meiner festen Absicht, früh ins Bett zu verschwinden – traditionsgemäß ins nächste Pub. In den folgenden zwei Wochen wird der »Auf einen Cider«-Besuch im Pub zur festen Gewohnheit. Es bleibt allerdings nie bei einem Cider und auch selten bei einem Pub. Ich hatte kein solches Leben mehr, seit ich Anfang zwanzig war, und es überrascht mich selbst, wie sehr ich es genieße. Der Drang nach Einsamkeit und Zeit für mich wird tagsüber gestillt, wenn die anderen arbeiten. Und entgegen meiner Abneigung gegen Alkohol, die ich über die letzten Jahre entwickelt habe, wird Cider nun mein bester Freund und die Pubs Adelaides mein zweites Zuhause. Es ist das erste Mal seit langer Zeit, dass ich mich sicher fühle, wenn ich trinke. Ich weiß, ich kann mich auf die Menschen um mich herum verlassen, und besonders Bettina und ich haben einen unausgesprochenen Kodex, dass wir dafür sorgen, dass wir beide sicher wieder im Hostel landen. Aber auch die Jungs entwickeln eine Art Beschützerinstinkt – und zarte Besitzansprüche. Es wird nicht gern gesehen, wenn wir Kontakte mit anderen schließen. Unsere Gruppe ist ein eingeschworener Haufen. Auch wenn sie ab und zu durchmischt wird von jemandem, der jemanden in der Gruppe kennt, bleibt es doch meist der harte Kern.

Nachdem sich auf diese Weise meine Dollars zusehends liquidieren, mache ich mich am Montag nach meiner Ankunft auf den Weg zu einer der Vermittlungsagenturen für Krankenschwestern. Ich habe länger überlegt, nach welcher Art von Job ich mich umsehe, und bin schnell vom Gedanken abgekommen, so zu suchen wie am Anfang in Darwin. Die einzige Möglichkeit, relativ einfach und schnell an Arbeit zu kommen, ist, wieder in meinem alten Job zu arbeiten. Ich hatte mich schließlich schon vor meiner Reise auf diese Möglichkeit vorbereitet, recherchiert, welche Unterlagen ich brauchen würde, und Übersetzungen meiner Dokumente machen lassen. Daher schlage ich am Vormittag in der Agentur auf und werde gleich in ein kleines Büro geschoben. Die Angestellte sieht sich meine Zeugnisse, Referenzen und Unterlagen an und nickt nach wenigen Minuten. Kein Problem, sagt sie. Ich müsse lediglich ein paar Formulare ausfüllen und würde dann ins System aufgenommen. Zwei Stunden und endlosen Papierkrieg später werde ich mit der Aussage entlassen, dass ich alles andere nun online einrichten könne. Dieses System ist unverschämt großzügig. Ich kann mich online bei der Agentur einloggen und dort meine Verfügbarkeit eintragen. Das heißt, ich kann angeben, an welchen Tagen ich arbeiten möchte und in welcher Schicht, und kann beides auch bis 24 Stunden vorher noch ändern. Freie Tage also auf Wunsch. Solchen Luxus bin ich nicht gewohnt und erst mal völlig berauscht von dieser Selbstbestimmtheit. Etwas überfordert mich die Aussicht auch, nun doch so schnell wieder ins Arbeitsleben im Krankenhaus einzusteigen. Also melde ich mich für den folgenden Tag noch als »nicht verfügbar«

und gönne mir somit noch etwas Zeit, mich mit dem Gedanken anzufreunden. Mir ist aus ganz unterschiedlichen Gründen mulmig zumute. Ich weiß, oder rede mir zumindest ein, dass die Arbeit in Altenpflegeheimen, wo Krankenpflegehelferinnen wie ich hier meist eingesetzt werden, nicht zu vergleichen ist mit meiner Arbeit zuvor und daher vermutlich auch keine alten Wunden aufreißen werden. Aber ich weiß auch, dass mir der Einsatz in der Altenpflege während meiner Ausbildung nicht leichtfiel. Ich hatte große Probleme damit, die vielen einsamen alten Menschen zu besuchen, die oft, vergessen von ihren Familien, darauf warteten, dass dieses öde Leben irgendwann zu Ende geht. Natürlich war das nicht die Regel, aber diese Fälle beschäftigten mich besonders. Ich fange an zu begreifen, dass es vielleicht nicht nur die Kinderkrebsstationen waren, die mich letztendlich gebrochen hatten. Vielleicht war ich schon immer etwas zu sensibel für diesen Beruf.

Meine Tage gestalten sich gleichmäßig ungewiss: Ich warte auf Anrufe vom Callcenter, in denen mir meine Schicht durchgegeben wird. Da es in Adelaide mehr als genug Arbeit gibt, brauche ich mir keine Gedanken zu machen, keine Schicht abzubekommen. Gleich am ersten Tag werde ich zu meiner ersten Schicht abgerufen, und zu meiner Freude ist sie in einem Altenpflegeheim in North Adelaide, ein paar Straßen von dem Hostel entfernt, in dem ich im Juni so lange gewohnt habe. Das bedeutet, ich kann mit dem Bus hinfahren, und falls es abends keine Verbindungen mehr zurück gibt, auch zurücklaufen.

Meine Scheu vor der Arbeit als Altenpflegerin legt sich zum Glück sehr schnell. Pflegeheime hier unterscheiden sich stark von denen, die ich aus Deutschland kenne. Die Menschen sind in Einzelzimmern untergebracht, und für Ehepaare gibt es Doppelzimmer, die oft wirken wie Familienwohnzimmer. Die Zimmer sind genauso eingerichtet, wie die jeweilige Person zuvor gelebt hat, und oft gemütlich und liebevoll gestaltet. Anfangs werde ich in den einfacheren Einheiten eingesetzt, in denen die Bewohner lediglich ein wenig Hilfe benötigen, später auch in den sogenannten »Stufe-drei-Pflegeheimen«, in denen die Schwerstfälle liegen. Hier komme ich zum ersten Mal mit schweren Fällen von Alzheimer, Demenz und psychischen Erkrankungen in Berührung. Ich bin allerdings nie allein und habe jederzeit Ansprechpartner um mich herum. Das gesamte Pflegesystem ist deutlich großzügiger und viel mehr darauf bedacht, das Pflegepersonal auf keinen Fall zu überlasten. Eine sehr ungewohnte Art des Arbeitens, aber definitiv etwas, woran ich mich gewöhnen könnte. Auch wenn ich eigentlich nicht in diesen Bereich zurückwollte, ist es, verglichen mit den Ansprüchen an eine Krankenschwester, relativ machbar und abgesehen von den weniger schönen Momenten, in denen man sich sehnlich die Dusche am Abend herbeiwünscht, ist es eine gute Art für mich, Geld zum Reisen zu verdienen. Eines ist damit auf jeden Fall bestätigt: Ich mache lieber einen Beruf, bei dem ich bis zum Hals in Windeln stecke, als einen, bei dem ich für mehr Geld den ganzen Tag sinnlos herumstehe. Ein großer Vorteil ist allerdings auch, dass ich als Aushilfskraft nur kurze Schichten von fünf bis sechs Stunden machen muss. So kann ich die Tage trotz Arbeit genauso füllen, als hätte ich frei: mit Ausschlafen davor und Pub-Besuchen danach. Es stellt sich schnell eine leichte Routine ein. Dieses Mal eine, die ich genieße.

Die Wochenenden gewinnen nun wieder an Bedeutung, und da William am Samstag nach meiner ersten Arbeitswoche Geburtstag hat, planen wir, ein Auto zu mieten und zu einem Road Trip Richtung Fleurieu Peninsula aufzubrechen, einer kleinen Landzunge unterhalb von Adelaide, die bekannt ist für ihre Weingebiete und schönen Küsten. Gemäß den australischen Standards und obwohl nicht ein einziger Australier unter uns ist, führt die Planung nirgendwohin, sodass wir Samstagmorgen erst buchen, zur nächsten Autovermietung schlendern und mit einem schnuckeligen Toyota Corolla aufbrechen. Sebastian und Christian, zwei Deutsche aus dem Nachbarhostel, besitzen ein eigenes Auto, und so brechen wir in einer acht Mann und zwei Frau starken Truppe zum Wochenendtrip auf.

In Victoria Harbor treffen wir nicht nur auf einige Delfine am Ufer und einen endlosen, wunderschönen Strand mit Ausblick, sondern kommen auch in den Genuss, mit unserem Corolla an einem für Autos zugänglichen Strand herumzukurven. Unsere Gruppe ist gut aufgelegt und vor allem trinkfest, was dazu führt, dass wir nach der Weinprobe im Auto 80er-Jahre-Songs grölen. Da Bettina und ich uns mit dem Fahren abwechseln, bleiben wir nüchtern, haben aber auch so unseren Spaß. Insgesamt ein absolut gelungenes und extrem spontanes Wochenende! Ich lerne zunehmend, mich einfach mitreißen zu lassen, und verspüre immer weniger den Drang danach, Dinge langfristig zu planen oder ewig über meine Entscheidungen nachzudenken. Mal sehen, wohin mich diese Einstellung führen wird.

Nach dem Wochenende werden Bettina und ich von einer Erkältung geplagt und ich muss mich zwei Tage auskurieren. Eigentlich hatte ich vor zu arbeiten, denn da Labour Day und somit Feiertag ist, hätte ich den doppelten Stundenlohn verdienen können. Letztendlich komme ich aber zu dem Schluss, dass Geld nicht alles ist und ich mir die freien Tage durchaus einfach schenken kann. Es ist das erste Mal, dass ich mich bei so einer Entscheidung nicht erst mit meinem schlechten Gewissen prügeln muss.

Auf nach Indonesien

Die folgenden zwei Wochen fühlen sich an wie eine Ewigkeit – dieses Mal allerdings im positiven Sinne. Meine Tage sind gut gefüllt mit Schichten in den verschiedenen Pflegeheimen Adelaides, und ich bin immer wieder gespannt darauf, welche Unterschiede, auch zu den deutschen Bedingungen, sich dort zeigen. Die Abende verbringe ich mit meinen Mitbewohnern, ich habe mich schon lange nicht mehr so wohlgefühlt. Ich verstehe zwar nicht so richtig, warum mir nicht irgendwann die Puste ausgeht und ich mich nach mehr Alleinzeit sehne, aber der Punkt kommt einfach nicht – und dafür bin ich sehr dankbar. Langsam erkenne ich ein Muster. Je spontaner sich meine Gesellschaft und mein Alltag ergeben, desto besser komme ich zurecht. Wochenendausflüge, die ich eine Woche im Voraus bereits als anstrengend empfinden würde, werden einfach Samstagvormittag erst geplant. Dadurch fehlt mir die Zeit, darüber nachzudenken, ob ich Lust darauf habe und ob ich das ganze Wochenende in Gesellschaft verbringen möchte. Außerdem kann ich mir hier täglich die Zeit zum Verschnaufen und Nachdenken nehmen, die ich brauche. Ob auf dem Arbeitsweg oder an einem ruhigen Nachmittag, wenn alle anderen noch unterwegs sind.

So vergehen meine Wochen in Adelaide wie im Flug und meine Abreise nach Bali naht. Vielleicht gerade zur rechten Zeit, denn ich merke, dass ich mehr als freundschaftliche Gefühle für Mario entwickle, und weiß nicht, wie ich damit umgehen soll. Ich war nie gut darin, meine Emotionen auszudrücken, ganz im Gegenteil. Wenn jemand einen Schritt auf mich zu macht, mache ich drei zurück. Und die Tatsache, dass ich mich hier nur vorübergehend aufhalte, erschwert die Lage zusätzlich. Mich jemandem zu öffnen, von dem ich mich wahrscheinlich in zwei Monaten für immer verabschieden muss, macht die Sache noch schwerer. Ich verliebe mich so gut wie nie. Dann und wann schwärme ich für Menschen, aber tiefere Gefühle entwickele ich selten. Und selbst dann handle ich in den seltensten Fällen. Ich bin schlagfertig und kann ohne Probleme Menschen in Grund und Boden reden, aber sobald es um meine Gefühle geht, bin ich stumm wie ein Fisch. Je länger ich darüber nachdenke, desto klarer wird mir, dass ich das Risiko, mit gebrochenem Herzen weiterreisen zu müssen, nicht eingehen will. So bin ich froh, am nächsten Tag in eine andere Ecke der Welt verschlagen zu werden. Ich freue mich auf das Reisen und Erkunden – und auf den Abstand, um meine Gedanken in Ruhe sortieren zu können. Vielleicht wäre es auch gefühlstechnisch Zeit, weniger nachzudenken und sich mehr mitreißen zu lassen, aber so weit bin ich noch nicht – und werde ich vielleicht auch nie kommen.

So schlecht wie dieses Mal war ich noch nie auf eine Reise vorbereitet: Mein Reiseführer ist so gut wie unangetastet, und mehr Übernachtungen als die ersten drei in Kuta, meiner ersten Station im mittleren Süden Balis, sind auch noch nicht geplant. Die einzige Vorbereitungsmaßnahme, die ich treffe, ist, meine Kontakte beim Couchsurfing auszubauen. Nachdem ich damit an der Westküste so positive Erfahrungen gemacht habe, möchte ich es auch auf Bali ausprobieren. Ich lerne, dass es in dieser Community nicht nur darum geht, einen Schlafplatz zu finden, sondern auch einfach darum, Kontakte unter Reisenden zu knüpfen. Wer das möchte, markiert sein Online-Profil auf der Couchsurfing-Plattform einfach mit »auf Reisen« und »offen für einen Kaffee«. So finde ich dreizehn Leute, die zur gleichen Zeit wie ich Bali bereisen und die ich dort vielleicht treffen werde, um mit ihnen die Insel auszukundschaften.

Eine Nacht bevor ich den Zug nach Perth nehmen will, von wo mein Flug nach Bali geht, fällt mir ein, dass ich vergessen habe, einen Sitzplatz zu reservieren, der mir die Mitfahrt mit meinem Halbjahrespass garantiert. So stehe ich Sonntagmorgen am Schalter und erfahre, dass der Zug ausgebucht ist. »Easy going« tritt mich nun also zum ersten Mal in den Allerwertesten. Darauf habe ich eigentlich gewartet, und meine ursprüngliche Theorie ist nun bestätigt: Die deutsche Planer-Mentalität hat definitiv auch ihre Vorteile. Nun muss ich also für den gleichen Preis, den mein Hin- und Rückflug nach Bali gekostet hat, ein Flugticket nach Perth kaufen, das mich rechtzeitig für meinen Flug nach Bali dorthin bringt.

Ich sitze am Gate des Flughafens in Perth. Kurz zuvor konnte nur mühsam einen kleinen Schmerzensschrei unterdrücken, als der Ausreisestempel für Australien in meinen Reisepass gedrückt wurde. Aber die Tatsache, dass ich drei gut gefüllte Taschen in verschiedenen Lagerräumen des Hostels und in Zimmern von Freunden hinterlassen habe, verstärkt die Sicherheit, dass ich wiederkommen werde, und lässt mich aufatmen. Wieder einmal stelle ich mir die Frage, was sein wird, wenn ich in drei Monaten endgültig ausreisen muss – und wieder schiebe ich diesen Gedanken, der mir das Herz zusammenkrampfen lässt, einfach beiseite.

Lieber denke ich an meine erste feste Couchsurfer-Verabredung auf Bali: Am Sonntagmittag treffe ich Sean, er ist halb Deutscher, halb Ire, gerade in Kuta und will mir ein wenig die Gegend zeigen. Er hatte mir geschrieben, dass dieses Wochenende noch Karneval ist, also ein besonders guter Zeitpunkt, um Bali zu besuchen. Er hat mir zahlreiche Reisetipps gegeben und will in der kommenden Woche nach Ubud weiter. Wenn ich mich gut mit ihm verstehe, werde ich mich ihm erst einmal anschließen. Außerdem habe ich zwei Verabredungen für den nächsten Tag, einmal mit einem Spanier, um nachmittags Kuta zu erkunden, und abends treffe ich eine Amerikanerin, die in Seminyak ein tolles vegetarisches Restaurant kennt. Die Unsicherheit und das etwas mulmige Gefühl wegen des komplett neuen und fremden Landes weichen so der Vorfreude auf all die tollen Erlebnisse und der Sicherheit, nicht ganz auf mich allein gestellt zu sein. Erschreckend, wie schnell ich wieder unselbständiger geworden bin, weil ich die vergangenen Wochen im sicheren Nest mit meinen neuen Freunden verbracht habe.

Bali – Urlaub vom Urlaub?

Gib niemals etwas auf, bei dem kein Tag vorbeigeht,
an dem du nicht daran denken musst.

Unbekannt

Nach einem entspannten Flug lande ich spätabends im Hotel. Trotz meiner unendlichen Müdigkeit und des Queen-Size-Betts in meinem Zimmer kann ich nicht gleich einschlafen. Nach so langer Zeit im Hostel fehlen mir tatsächlich die Hintergrundgeräusche anderer Personen im Zimmer.

Nach dem Frühstück am nächsten Morgen, bei dem ich mir ein wenig seltsam vorkomme, weil ich zwischen den vielen Pärchen die einzige Alleinreisende zu sein scheine, packe ich meinen Rucksack erneut und lasse mich von einem Fahrer zu meiner nächsten Unterkunft bringen. Das Hotel hatte ich nur für die erste Nacht gebucht, weil ich mich spätabends auf keine Experimente einlassen wollte, für die zweite und dritte habe ich ein kleineres Guesthouse am Rand von Kuta ausgesucht. Während der kurzen Fahrt kommen wir an unzähligen Geschäften mit verschiedenstem Handwerk vorbei: Von Schnitzereien, Steinskulpturen, Korbmachereien, riesigen Denkmälern von Shiva, einem der hinduistischen Götter, über Kleidungsshops bis hin zu Souvenirläden voller Armbänder ist alles vertreten. Dazwischen zeigen sich immer mal wieder ein in Wasser getränktes Reisfeld oder ein paar dicht beieinanderstehende Wohnhäuser. Ich könnte wahrscheinlich hundert Bilder in der Minute schießen und doch nicht alles einfangen. Nach etwa dreißig Minuten Fahrt gelangen wir nach Kerobokan, einem etwas abgelegenen, aber nicht weniger wuseligen Vorort Kutas. Im Guesthouse angekommen, fühle ich mich gleich wohler als im Hotel. Irgendwie komme ich mir dort immer deplatziert vor und alles ist so anonym. Hier begrüßt mich der Besitzer persönlich, zeigt mir mein Zimmer, ein kleines Häuschen mit eigenem Bad, das in einer Reihe mit vier weiteren steht, und überlässt mich mir selbst.

Nun bin ich also da. In Asien. So richtig bewusst war mir das nicht. Mir war natürlich klar, dass Indonesien zu Asien gehört, aber eben war ich doch etwas verdutzt, als mein deutscher Nachbar fragte: »Das erste Mal in Asien?«, weil ich mich ein wenig entsetzt über den regen Verkehr auf Balis Straßen äußerte.

Ich packe meinen kleinen Rucksack und nehme mir vor, auf die Suche nach Zahnpasta zu gehen. Irgendwo in der Umgebung wird sich schon ein Geschäft finden lassen, doch ich halte es keine fünf Minuten auf den Straßen aus. Nach zwei Ecken befinde ich mich mitten im Verkehr und damit im gleichen Chaos wie vergangene Nacht, als mich der Taxifahrer kamikazeartig zum Hotel gebracht hat. Im Taxi würde ich mich jetzt auch sicherer fühlen. Unzählige Motorroller schießen an mir vorbei, Autos verstopfen die engen Straßen, das Gehupe ist ohrenbetäubend und die nicht vorhandenen Bürgersteige bringen mich an den Rand der Verzweiflung. Ich weiß nicht, wo ich langlaufen soll, und muss ständig Löchern, Müll und kleinen Schuttbergen ausweichen. Endlich zurück in meinem Zimmer und ohne Zahnpasta, möchte ich nie wieder rausgehen. Die vielen Eindrücke fühlen sich an wie eine große Welle, die mich verschluckt hat, und ich verbringe den restlichen Tag damit, Serien zu schauen.

Am Nachmittag skype ich zuerst mit meinen Eltern und dann mit guten Freunden in Deutschland. Irgendwie habe ich das Bedürfnis, jemandem von all diesen Eindrücken zu erzählen und mir die Bestätigung abzuholen, dass ich nicht völlig durchgeknallt bin und dass alles tatsächlich so fremdartig ist, wie es mir vorkommt. Und die bekomme ich spätestens, als ich erzähle, dass meine Toilette keine Spülung, sondern nur einen Wasserschlauch hat.

Eines gilt allerdings auch hier: Wenn du Menschen treffen willst, mit denen du dich unterhalten kannst, setz dich einfach irgendwohin und sie finden dich schon. Am frühen Abend sitze ich vor meinem kleinen Bungalow und unterhalte mich mit meinem deutschen Nachbarn, bis ihn ein Taxifahrer einsammelt. Danach quatsche ich mit einem Schweizer Pärchen, das auch hier untergekommen ist. Zum ersten Mal kann ich jemanden mit Tipps und Informationen zu Australien überfluten, denn die beiden reisen erst nach ihrem Bali-Urlaub dorthin und sind ganz interessiert, wie dort alles funktioniert. In solchen Momenten unter Gleichgesinnten liebe ich das Backpacker-Leben abgöttisch.

Am nächsten Morgen wage ich einen neuen Versuch

und schaffe es tatsächlich zu einem kleinen Geschäft, das man eigentlich gar nicht so nennen kann. Es ist ein offener Raum mit drei Wänden, darin ein paar Regale, bestückt mit dem Nötigsten: Putzmittel, Hygieneartikel, Getränke und Snacks. Ich kaufe eine Tube Zahnpasta und verschwinde wieder ins Guesthouse. Mit meinem Gastgeber habe ich bereits vereinbart, dass er mich am nächsten Tag nach Ubud bringt, es soll das kulturelle Zentrum Balis sein. Die Stadt liegt inmitten der Insel und mein Reiseführer verspricht Affen, Reisfelder und Künstler. Und etwas mehr Ruhe. Ich bin gespannt. Meinen kleinen Kulturschock vom Tag zuvor habe ich noch nicht ganz verwunden, aber die Telefonate und eine Nacht darüber zu schlafen haben auf jeden Fall geholfen.

Die Nacht in meinem kleinen Cottage war »exotisch«. Mein Nachbar ist ein Hahn, der einen etwas gestörten Rhythmus hat und die halbe Nacht durchgekräht hat, deshalb war ich die meiste Zeit nur im Halbschlaf. Dass ich dann in den frühen Morgenstunden durch das tropfende Dach geweckt wurde, war das i-Tüpfelchen. Es hat die halbe Nacht Bindfäden geregnet, aber wie üblich in tropischen Regionen ist am Morgen wieder schönstes Wetter. Also sitze ich nach einem großzügigen Frühstück vor meiner bescheidenen Hütte unter den Frangipani-Bäumen mit ihren wunderschönen weißen Blüten und genieße die ersten Sonnenstrahlen. Alles ist hier irgendwie anders. Selbst mein schlichtes Omelette mit Weißbrot schmeckt viel besser. Gekrönt wird es von selbstgemachten Pfannkuchen und Wassermelone. Der ideale Start in den Tag.

Einer der beiden Jungs vom Guesthouse bringt mich

mit dem Motorroller nach Kuta, wo ich Sean treffe. Ich bin doch ganz schön nervös und sehr gespannt auf die neuen Eindrücke und auf Sean, obwohl ich nach unserem Mailwechsel schon fast das Gefühl habe, ihn zu kennen.

Wir treffen uns mittags. Er ist vierunddreißig, hat eine irische Mutter, einen deutschen Vater, ist in Neuseeland aufgewachsen und hat bis vor kurzem in Bochum gearbeitet, in einer geschlossenen psychiatrischen Einheit für autistische Kinder. Seit etwa einem halben Jahr reist er durch die Welt, zunächst einige Monate per Anhalter durch Australien und nun seit drei Monaten durch Indonesien. Er hat seinen Job nach einem Burnout aufgegeben und versucht sich nun als Fotograf, Journalist und Dokumentarfilmer. Gerade arbeitet er an einem Film über die Nachwirkungen des Bombenanschlags von Bali im Jahr 2002. Dafür treffen wir uns am richtigen Ort, denn das Monument, vor dem wir uns verabredet haben, steht genau an der Stelle, wo am 12. Oktober 2002 die erste Bombe explodierte. Sean beginnt auch sofort davon zu erzählen, und nach einer guten Stunde weiß ich mehr über Kuta, den Anschlag und seinen Ablauf, als ich aus irgendeinem Reiseführer oder Bericht darüber hätte erfahren können. Muslimische Terroristen hatten an mehreren stark besuchten Orten in der Stadt Bomben gezündet und damit über zweihundert Menschen getötet und viele verletzt. Unter den Opfern waren vor allem australische Touristen, bei denen Bali wegen der geographischen Nähe sehr beliebt ist, aber auch viele Touristen aus anderen Ländern.

Nach dieser ausführlichen Geschichtsstunde streiften wir durch die Straßen und Sean erzählt mir mehr über das Leben der Balinesen heute. Er kennt an jeder zweiten Ecke jemanden und stellt mir mehrere Leute vor, die mir zuverlässig in allen Belangen weiterhelfen können, sei es bei der Suche nach einem guten und günstigen Mittagessen oder bei der Buchung des Schiffe zu den Gili Islands, wo ich als Nächstes hinmöchte. Es ist faszinierend, wie sich jemand in so kurzer Zeit ein solch umfangreiches soziales Netz mit Einheimischen aufbauen kann. Ich wäre definitiv zu zurückhaltend, um all die Menschen anzusprechen und mich mit ihnen zu unterhalten – allein schon aus Sorge, sie in irgendeiner Form zu beleidigen oder vor den Kopf zu stoßen, weil ich ihre Kultur nicht kenne oder falsch einschätze.

Sean hilft mir nach ein paar Stunden am Strand, in denen wir auf weitere Couchsurfer treffen, noch bei der Suche nach einem zuverlässigen Motorroller-Fahrer, der mich zum Guesthouse zurückbringt. Leider fährt der zwar zuverlässig, aber auch halsbrecherisch. An Adrenalin mangelt es mir in diesem Urlaub definitiv nicht. Völlig geschlaucht und von der Fahrt ordentlich aufgeputscht komme ich am frühen Abend wieder im Guesthouse an. Dort treffe ich auf David, meinen deutschen Nachbarn, und gemeinsam bestellen wir faul und völlig unbalinesisch Pizza und Cola beim örtlichen Lieferdienst. Als wir satt sind, planen wir, am nächsten Tag gemeinsam nach Ubud weiterzureisen, und unser Gastgeber bietet an, uns dorthin zu fahren. Zu zweit ist es günstiger und wir haben Gesellschaft. Auch wenn ich Sean sehr sympathisch und interessant finde, ist er mir ein wenig zu einnehmend, und ich merke, wie anstrengend ich das finde.

Ubud

Es geht also los Richtung Ubud. Eine merkwürdige Stimmung macht sich breit, als aus dem CD-Player im klimatisierten Neuwagen Songs aus den Charts strömen, während wir an Balinesen vorbeifahren, die auf Reisfeldern Wassereimer auf ihren Schultern balancieren. Nach etwa eineinhalb Stunden, die ich wieder einmal mit offenem Mund am Fenster klebend verbracht habe, landen wir im Zentrum von Ubud. Da wir schon eine grobe Vorstellung haben, was eine Unterkunft kosten soll, fällt gleich die erste Option, die wir aufsuchen, weg, wird aber sofort wettgemacht von einem netten Herrn, der auf der anderen Straßenseite wartet und uns höflich ein Zimmer für den halben Preis anbietet. Mit all unserem Gepäck schleift er uns durch kleine Gassen und einen halben Berg hinauf zu seinen Wohnungen. Nachdem wir ihn darüber aufgeklärt haben, dass wir kein Doppelzimmer, sondern zwei Einzelzimmer suchen, bietet er uns zu einem noch günstigeren Preis zwei Zimmer an: eines bei ihm und eines zweihundert Meter weiter durch den großzügigen Hof bei seinen Verwandten. Das ist genau das, was ich wollte: ein Homestay, also eine für Bali typische Unterkunft im Herzen einer Familie. Gegenüber von meinem Zimmer wohnt die Tochter unseres Gastgebers mit ihren zwei Kindern, und ihr Alltag spielt sich zum Großteil auf der Wiese vor meinem Zimmer ab.

Wir machen uns sofort auf den Weg zum Markt, an den auch ein Obstmarkt angegliedert sein soll. Nach einem längeren Fußmarsch und ein wenig Verwirrung, weil keine Straßenschilder existieren – nicht einmal welche, die wir nicht verstehen –, kommen wir zum großen Markt, der von Schmuck über Kunsthandwerk bis Kleidung alles bietet, was das Touristenherz begehrt. Schließlich finden wir etwas versteckt auch den Obstmarkt. Die Frau am Verkaufsstand öffnet verschiedene Früchte und lässt uns kosten. Dabei entdecken wir zwei meiner neuen Lieblingsfrüchte: Eine nennt sich Mangosteen und ähnelt einer Litschi, ist aber in Scheibchen unterteilt wie eine Mandarine. Die zweite ähnelt in Konsistenz und Aussehen einer Knoblauchknolle, aber sie hat im Inneren einen braunen Kern, dank dessen sie beim Schütteln klingen wie ein Überraschungsei. Man nennt sie auch Schlangenfrucht, weil ihre Schale aussieht wie die Haut einer Schlange. Zum Glück schmeckt sie nicht wie Knoblauch, sondern eher wie Ananas. Von der bekannten Durian-Frucht lassen wir die Finger, sie ist ein rundes, stachliges Ungetüm und stinkt wie Käsefüße. Zurück in unseren Unterkünften, buchen wir für den nächsten Tag eine Tour mit Davids Vermieter, um einige Tempel, die Reis-Terrassen und eine Kaffeeplantage zu besuchen.

Am Morgen treffen wir unseren Fahrer Yannik. Ein sehr ungewöhnlicher Name für einen Balinesen, denn Kinder werden hier einfach durchnummeriert, und somit heißen eigentlich fast alle Made, Ketut oder Wayan, egal ob Mann oder Frau. Genauso ungewöhnlich erscheint es mir, schnieke im klimatisierten Kombi durch Balis Landschaft zu fahren. Alles wirkt so einfach hier, vor allem, als wir aus den Touristengegenden herausfahren, was nur ein paar Minuten dauert. Wir verbringen den Vormittag mit dem Besuch einer der typischen balinesischen Kaffeeplantagen und landen am Mittag am Pura Ulun Danu Bratan, einem Tempel inmitten eines Sees. Mit den Vulkanen im Hintergrund und in dicke Nebelwolken eingehüllt gibt er ein mystisches Postkartenmotiv ab. Nach all dem Sightseeing, bei dem ein Punkt auf unserer Liste den nächsten jagt, fährt uns Yannik zu einem Restaurant mit einem traumhaften Ausblick inmitten von Reisfeldhügeln. Auch wenn das Wetter nun Nieselregen und Wolken bietet, tut das der Aussicht keinen Abbruch. Yannick bleibt im Wagen, und wieder einmal frage ich mich, wie hier die Gepflogenheiten sind. Wir fragen ihn, ob er uns begleiten möchte, aber er lehnt höflich ab, und ich hake nicht nach, weil ich nicht sicher bin, ob ich ihn damit beleidigen würde. Allerdings weiß ich auch nicht, ob es nicht unhöflich ist, nicht nachzufragen, und es macht mich ein wenig traurig, so unbeholfen in dieser Kultur herumzustolpern.

Auch die Reisfelder bei unserem Restaurant waren beeindruckend, doch die Jatiluwih-Reisfelder am nächsten Stopp überbieten sie noch einmal um Längen. Wir stehen an einer kleinen Kurve und genießen einen beeindruckenden Blick über Täler und Anhöhen voller Reis-Terrassen. Das Wetter hat etwas aufgeklart, und unter der Sonne, die das Grün der Reispflanzen noch satter aussehen lässt, schieße ich tolle Postkartenbilder.

Als letztes Highlight bringt Yannik uns schließlich zum Tanah-Lot-Tempel, der neben dem Muttertempel Besakih der bekannteste und damit leider auch touristischste Tempel Balis ist. Bis zum Sonnenuntergang, der als absolutes Naturschauspiel gilt, haben wir noch etwas Zeit, durchstreifen zunächst den kleinen Markt in der Nähe und machen uns anschließend auf zu den flachen

Klippen, von denen aus man das beste Bild vom Tempel erhaschen kann. Er steht einsam auf einem Felsen im Meer und ist nur bei Ebbe zugänglich. Dann sind am Fuße des so »trockengelegten« Felsens, auf dem der Tempel erbaut ist, einige Balinesen dabei, Rituale zu feiern. Als ambitionierte Fotografin, zu der ich mittlerweile geworden bin, lasse ich mich nicht davon abhalten, so nah wie möglich ans Ende einer zerfurchten Klippe zu laufen, um das beste Bild zu ergattern. Prompt werde ich von einer Welle für meine Arroganz bestraft und einmal komplett abgeduscht. Während meines unkontrollierten, leicht panischen Fluchtversuchs lande ich ein paar Schritte weiter in einem Wasserloch, das mir bis zum Bauchnabel reicht. Ich glaube, ich habe schon lange nicht mehr so sehr über mich und meine Schusseligkeit gelacht. Nachdem ich mich herausgehievt und meinen Rock ausgewrungen habe, muss ich feststellen, dass auch meine Kamera, die ich die ganze Zeit in der Hand hielt, etwas Wasser abbekommen und daraufhin beschlossen hat, ihren Dienst zu quittieren. Das wäre dann bereits der zweite Fotoapparat, den ich auf dieser Reise ruiniert habe. Aber selbst diese Panne kann dem Lachen über mich selbst gerade keinen Abbruch tun. Der Sonnenuntergang und die warmen Temperaturen entschädigen mich für meine nassen Klamotten. Trotzdem warten wir nach dem Sonnenuntergang nicht lange und kehren zügig in unsere Unterkunft zurück. Ich falle todmüde und voller neuer Eindrücke ins Bett. Hoffentlich lässt sich zumindest die Speicherkarte mit all den Bilderschätzen des heutigen Tages retten.

Doch auch falls dem nicht so sein sollte: Diesen Tag werde ich definitiv nicht vergessen, und auch ohne

Fotos haben sich die Erinnerungen an diese unglaublichen Orte in meinen Kopf eingebrannt.

Am nächsten Tag sind wir dann einfach entspannt und faul. Mehr als der Besuch eines Feuertanzes in einem Tempel in der Nähe unserer Unterkunft ist nicht drin. Mein Vermieter hat mich die letzten Tage so lange belagert, bis ich zugesagt habe, ihm eine Karte abzukaufen. Am Ende habe ich sogar David überredet mitzukommen. Die Balinesen sind sehr geschäftstüchtig. Bereits in den ersten Tagen musste ich mir ein höfliches, aber bestimmtes »Nein, danke!« aneignen. Angesichts der Schar an Taxifahrern, Restaurantmitarbeiter und Vermieter, die um einen buhlen, benutze ich diese Worte am häufigsten. Nachmittags brechen wir zu einem Spaziergang in Richtung Markt auf, aber das ständige Ablehnen von Dingen, die wir weder benötigen noch haben möchten, geht uns nach kurzer Zeit so auf die Nerven, dass wir das Weite suchen.

Stattdessen möchte ich eine neue Kamera finden, denn schließlich habe ich noch über zwei Wochen Bali vor mir. Mein Vorhaben gestaltet sich allerdings schwieriger als gedacht, denn das einzige Geschäft, das welche verkauft, bietet eine stattliche Auswahl an drei Modellen. Außerdem war es ein böser Fehler, diesen Streifzug allein anzutreten. Denn eines wird mir schnell klar: Ich habe absolut kein Talent zum Verhandeln. Das ist hier völlig alltäglich – für mich wäre es auf Dauer der Untergang. Die Dame, die mir auf dem Markt, an dem ich vorbeikomme, zwei Anhänger verkauft, hat wahrscheinlich ihren Wochenverdienst mit mir gemacht. Frustriert gebe ich auf und besorge stattdessen Mittagessen in einem Restaurant in einer kleinen Seitenstraße für David, das deutlich unter dem Preis liegt, den ich gerade auf dem Markt hingelegt habe. Ich komme aus dem Kopfschütteln nicht mehr heraus und schwöre mir, an diesem Nachmittag nur noch zu verhandeln oder etwas zu kaufen, wenn mein Leben oder mein Nachtlager davon abhängt. Dabei hat es eine seltsame Ironie, sich so zu ärgern, wenn das Umrechnen zeigt, dass ich gerade lediglich zwei oder drei Euro zu viel bezahlt habe. In Australien hätte ich da vermutlich nicht einmal mit der Wimper gezuckt, aber die Budgetplanung steckt nach den vergangenen neun Monaten so tief in mir drin, dass sich das Rechnen auch hier, wo es absolut nicht notwendig wäre, nicht abstellen lässt.

Außerdem komme ich mit der Hundeblick-Mentalität hier nicht gut klar. Vor allem wenn Kinder im Spiel sind, bin ich ein leichtes Opfer. An unserem ersten Nachmittag hier liefen wir mit vollen Obsttüten an einer Mutter mit kleinem Kind vorbei, die uns anbettelte. Auch wenn es mir schwerfiel abzulehnen, wusste ich aus meinem Reiseführer, dass es eine beliebte Methode ist, Kinder zu benutzen, um Touristen zu erweichen. Diese Frau am Straßenrand sah allerdings wirklich erbärmlich aus. Ihre Kleidung war sehr abgenutzt und schmutzig, ihr fehlten Schuhe und sie sah ausgezehrt aus. Sie gab mir, als ich es nicht lassen konnte, mich noch einmal nach ihr umzudrehen, mit deutlichen Gesten zu verstehen, dass sie und ihr Kind Hunger hätten. Damit hat sie sofort meinen wunden Punkt getroffen. Ich würde einem bettelnden Menschen vielleicht kein Geld geben, weil man nie sicher sein kann, ob es auch sinnvoll verwendet wird. Viele Kinder werden zum Betteln auf die Straße geschickt und müssen das Geld abends an organisierte Bettlerringe abgeben, ohne davon je einen Cent zu sehen. Aber wenn jemand Hunger hat, kann ich nicht nein sagen. Also teilten wir unser Obst mit ihr. Wir hatten sowieso im klassisch westlichen Überfluss viel zu viel davon gekauft. Als ich sie auf dem Rückweg das Obst für ihr Kind schälen sah, fühlte ich mich nicht mehr ganz so schlecht wie zuvor. Dieser Moment nagt bis heute an mir, und in den folgenden Tagen schaue ich mich immer wieder nach der Frau mit ihrem Kind um, wenn wir in dieser Gegend unterwegs sind. Ich weiß nicht, wie ich damit umgehen soll, und mir wird bewusst, dass ich selbst als Backpackerin hier eine reiche Frau bin. Eine weitere Erkenntnis, die mir mein erster Besuch in Asien eröffnet. Armut, Reichtum und Besitz haben viele Nuancen. Es bedeutet nicht, dass jemand zwangsläufig durch und durch unglücklich ist, wenn er arm ist, genauso wenig, wie Luxus, Geld und Wohlstand das Gegenteil garantieren. Ich bin unglücklich auf eine Reise gegangen, aber was ich hier sehe, lässt mich all das, was ich hatte und habe, in neuem Licht betrachten und dankbarer dafür werden. Auch für die Freiheit, die mir Geld und Besitz geben, dass ich mein Leben nach meinen Vorstellungen gestalten kann – und reisen!

Als ich nach dem Mittagessen erneut aufbreche und ein halbwegs vertrauenserweckendes Geschäft gefunden habe, bin ich mir relativ sicher, dass die ausgewählte Kamera keine Fälschung ist und sogar über eine Garantie von einem Jahr verfügt. Schon wieder werde ich mit der Nase auf meinen »Reichtum« gestoßen, als ich mit 3 000 000 Rupiah vom Geldautomaten zurückkehre und sich eine Schar von Jugendlichen um mich versammelt, die offensichtlich noch nie so viel Geld gesehen haben. Dieses bedrückende Gefühl schmälert die Freude über meine neue Kamera ein wenig. Ich komme mir dekadent und verwöhnt vor. Das Geld hätte ich genauso gut spenden können und damit vermutlich mehr Menschen geholfen als nur mir selbst mit einem neuen Spielzeug.

Gili Islands

Mit dem Shuttlebus geht es ein paar ruhige Tage später nach Padang Bai, einem Küstenort im Osten der Insel, von wo aus wir nach einem kurzen Aufenthalt auf die Gili-Inseln übersetzen wollen. Unterwegs unterhalten wir uns mit einer Französin, die die gleiche Route plant. Auf die Frage, ob sie auch Lombok besuchen wolle, Balis Nachbarinsel, antwortet sie, als sei das selbsterklärend, dass die Insel muslimisch sei und damit für sie nicht in Frage komme. David und ich werfen uns fragende Blicke zu. Sollten Frauen wirklich nicht allein auf eine muslimische Insel reisen? Ich würde das in meiner Naivität hier in Indonesien bedenkenlos tun. Vielleicht, weil mir das Land, oder besser das, was ich bisher davon gesehen habe, sehr weltoffen vorkommt, auch durch den starken Tourismus.

Kaum in Padang Bai angekommen und in einem kleinen, schlichten Hotel eingecheckt, packen wir unsere Taschen und machen uns auf den Weg zum Meer, der leider einen Steilhang hinabführt. Einzig der nahende Strand lässt uns den Hang überwinden, und auch wenn David jedes Mal einen leicht sehnsüchtigen Blick bekommt, wenn uns jemand einen Transport anbietet, leistet er mir tapfer zu Fuß Gesellschaft. Wir haben uns mittlerweile komplett aufeinander eingespielt und irgendwann beschlossen, den Rest der Indonesien-Reise gemeinsam zu bestreiten. Seit Anna ist er die erste Person, deren exklusive und ununterbrochene Gesellschaft mir nichts auszumachen scheint. Das liegt vermutlich vor allem daran, dass wir stundenlang ohne große Worte oder unangenehmes Schweigen auskommen. Wir albern viel herum, tauschen uns über unsere Erlebnisse aus und reisen ein bisschen wie ein altes Ehepaar: immer mal wieder nörgelnd, aber nie nachtragend und mit getrennten Zimmern. Das bringt mich oft zum Schmunzeln, und genau diese Leichtigkeit habe ich nach den etwas angespannten Tagen in Adelaide gebraucht.

Wir werden nach dem Abstieg mit einer atemberaubenden Blauen Lagune belohnt und lassen uns sofort auf unsere Handtücher fallen. Zum Schnorcheln komme ich hier leider nicht, denn die Strömung ist ziemlich stark und die Korallen und Steine im Meer sind schon zum Schwimmen zu scharf und kantig. Nachdem ich mir ein paar Kratzer zugezogen habe, gebe ich auf und genieße das Meer lieber vom Strand aus. Hier fühle ich mich zum ersten Mal, seit ich in Asien bin, nicht ganz so fremd. Strände und Meer sind etwas, das ich aus Australien bestens kenne.

Voller Vorfreude auf eine Dusche kommen wir kurz vor Sonnenuntergang wieder im Hotel an, und ich bin mit ganz neuen Tücken konfrontiert: Wenn ich im falschen Winkel unter der Dusche stehe, bekomme ich schwache Elektroschocks. Anscheinend hat jemand die

Strom- und die Wasserleitungen ein wenig zu nah beieinander installiert. Wegen meiner geringen Körpergröße geht es bei mir halbwegs, David hat weniger Glück und noch tagelang Beschwerden von der leichten Elektroschocktherapie.

Als wir nach dem Abendessen zurück ins Hotel gehen, treffen wir noch einmal auf einen Holländer, den wir bereits am Mittag flüchtig kennengelernt haben. Peer ist ein absolutes Original: Da er lange in Deutschland gelebt hat, spricht er fließend unsere Sprache und erzählt uns, dass er jedes Jahr für knapp einen Monat eine Rucksacktour macht. Ganz allein und ohne seine Frau, die das nicht mitmachen würde. Er ist ebenfalls erst heute in Padang Bai angekommen, hat aber bereits eine komplette Route über die Inseln Lombok und Komodo bis nach Flores geplant, hauptsächlich mit den kleinen Bötchen, die hier überall für kleines Geld zwischen den Inseln pendeln. Ihn kümmert es nicht, dass diese Boote dreimal so lange brauchen wie die Speedboote, denn er hat noch drei Wochen Zeit und möchte viel sehen. Nach einer Weile frage ich ihn neugierig nach seinem Alter. Jung ist er nicht mehr, das war mir klar, aber ich falle fast vom Stuhl, als er sagt, er sei neunundsechzig. Kein Wunder, dass seine Frau das nicht mehr mitmacht, wenn sie auch nur annähernd in seinem Alter ist.

Er erzählt uns noch länger von seinen Reisen und Erfahrungen in Asien und Indonesien, bevor wir in unsere Zimmer verschwinden. Ich denke noch eine Weile über Peer nach, den ich locker zehn Jahre jünger geschätzt hätte. Vielleicht ist an der Redensart ja tatsächlich etwas dran, dass Reisen jung hält.

Mein Geburtstagsmorgen fängt chaotisch an. Ganz

gemütlich sitzen wir beim Frühstück und leisten Peer Gesellschaft, dessen Abholservice ihn um halb neun einsammeln und zu seiner Fähre nach Lombok bringen soll. Er ist etwas verärgert, dass die Hausdame ihn nicht wie besprochen um halb acht geweckt hat. Sie behauptete allerdings vehement in kaum verständlichem Englisch, dass sie laut an seine Türe geklopft hätte, er aber am Abend zuvor so viel Bier getrunken habe, dass er sie nicht gehört hätte. Jetzt ist er völlig gestresst, weil ihm nur eine Viertelstunde zum Packen bleibt. Anscheinend reicht die Zeit aber dafür, gegen halb neun in den nächsten Stress auszubrechen, weil sein Abholdienst noch nicht da ist. Um 8.27 Uhr nötigt er die Hausdame dazu, nachzufragen, wo sein Transport bleibe. Peer hat ganz offensichtlich zu lange in Deutschland gelebt. Er scheucht alle auf und wandert ungeduldig vor uns auf und ab, was uns köstlich amüsiert. Keine zwei Minuten später, also für indonesische Verhältnisse überpünktlich, kommt tatsächlich ein junger Mann mit einem Motorroller, um ihn abzuholen. David nutzt die Gelegenheit und fragt beim Fahrer nach, was die Fahrt mit dem Speedboot zu den Gili-Inseln kosten würde. Aus verschiedenen Quellen wissen wir, dass die Preise je nach Anbieter und Verhandlungen stark variieren können. Nach einer kurzen Verhandlung macht uns Peers Fahrer ein so gutes Angebot, dass wir Blicke tauschen und, zwölf Minuten bevor das Boot den Hafen verlassen soll, nach oben stürmen, um zu packen. Wir schnappen unsere Habseligkeiten, checken in Rekordzeit an der Rezeption aus und werden mitsamt unserem Gepäck von zwei Fahrern auf Motorrollern zum nächsten Mittelsmann gebracht. Der drückt mir direkt vier Tickets in die Hand. Nach kurzer Verwirrung wird mir klar, dass er uns auch schon die Rückfahrttickets verkaufen will. Indonesier sind wirklich gewiefte Geschäftsleute.

Am Hafen steht ein Boot, das ganz offensichtlich nur noch auf uns wartet. Abfahrtszeiten scheinen hier genauso flexibel zu sein wie alles andere. Kaum sind wir an Bord, startet es und bestätigt damit unsere Theorie: Für einen guten Handel halten Indonesier auch gerne mal ein ganzes Boot voll Passagiere auf. Das waren fünfzehn Minuten nach meinem Geschmack, da freut sich der kleine Andrenalinjunkie in mir seines Lebens.

Auf Gili Trawangan erwartet uns eine Horde von jungen Indonesiern, die alle Zimmer und Unterkünfte zu »Cheap, cheap«-Preisen anbieten und uns kaum zwei Schritte allein gehen lassen. Das Überangebot scheint also auch hier nicht abzureißen. Nach einer kurzen Auswahl lassen wir uns von einem einen schönen kleinen Bungalow zeigen. Da er nur noch einen davon frei hat, ziehen wir in das dazugehörige Guesthouse, ein komplettes Haus mit drei Schlafzimmern, in dem wir uns zwei aussuchen können, das dritte bleibt erst mal leer.

Wir werfen uns sofort wieder ins Strandoutfit und machen uns auf die Suche nach einem angemessenen Mittagessen, das wir in einem Restaurant mit kleinen offenen Hütten, dicken Kissen und Ausblick aufs Meer finden. An diesen Luxus könnte ich mich gewöhnen. Gesättigt und zufrieden ziehen wir weiter, und uns fällt auf, dass hier motorisierte Fahrzeuge komplett fehlen, stattdessen begegnen uns mehrere kleine Pferdekutschen.

Als wir am Strand ankommen, erkunde ich sofort mit meiner Schnorchelausrüstung das Meer. Und das hat es in sich: wunderschöne blaue Korallen und Hunderte kleine bunte Fischchen, die um mich herumschwimmen. Ein Artgenosse von Dorie, dem kleinen blau-gelb gestreiften Fisch aus *Findet Nemo*, und drei riesige Meeresschildkröten sind nur einige der faszinierten Meeresbewohner, die ich dort entdecke. Dieser Tauchgang war das perfekte Geburtstagsgeschenk und stellt jedes in Papier verpackte gnadenlos in den Schatten.

Nachdem ich mich im Wasser ausgetobt und den halben Strand auf der Suche nach den perfekten Korallen umschnorchelt habe, machen wir uns auf den Rückweg, um zu duschen und etwas essen zu gehen. Ein kleiner Minuspunkt ist die abendliche Atmosphäre in den Restaurants. An Singles wird hier kein Gedanke verschwendet und so sind fast alle in Kerzenlicht und übertriebene Romantik getaucht. Ich erinnere mich dunkel daran, dass diese Inseln ein Lieblingsziel für Flitterwochen sind. Es gibt keine Möglichkeit, sich dem hier zu entziehen, also landen auch wir in einem Romantik-Restaurant.

Das letzte Highlight des Tages bildet anschließend die Entdeckung der gut gefüllten Tanzfläche in Rudy's Bar. Während sich David an den Rand der Tanzfläche stellt und das Gewusel von dort betrachtet, halte ich es keine fünf Minuten aus, bis mich meine zappelnden Füße in die Menge ziehen.

Leider treiben sich auf der Tanzfläche fast nur Männer herum, und es ist als Frau unmöglich, sich frei zu bewegen. Also wende ich mich zwei Mädels zu und frage sie einfach, ob ich mich anschließen darf. Sie verstehen sofort und ziehen mich in ihren kleinen Kreis. In clubüblicher Lautstärke und kurzen Sätzen erzählen sie, dass sie aus Kanada kommen und ein Pärchen auf Weltreise sind. Sie sind schon seit etwas mehr als einer Woche hier und können die Einheimischen daher schon ganz gut einschätzen.

Ich werde einem kleinen Kreis von Indonesiern vorgestellt, hauptsächlich talentierte Breakdancer, die die beiden wohl bereits als würdig anerkannt haben, und vom Rest abgeschirmt. Nach und nach erweitert sich unsere Gruppe um einen Schweizer, einen Münchner und eine Schwedin und wir feiern bis in die Morgenstunden meinen Geburtstag. Definitiv ein perfekter Tag!

Lombok

Insgesamt ist das Leben auf Gili Trawangan der gelebte Karibiktraum: weiße Sandstrände, entspannte Musik überall, leckeres Essen an jeder Straßenecke und Souvenirshops in jeder Lücke dazwischen. Für ein Wochenende genieße ich das auch, aber wie Menschen hier zwei Wochen oder länger Urlaub machen können, verstehe ich nicht. Es gibt nichts zu sehen als Meer und nichts zu tun als faulenzen. Nach zwei Tagen nehmen wir also das Boot nach Lombok, auf dem der Touristen-Overkill schnell endet: Wir sitzen zwischen älteren Einheimischen, gackernden Hühnern und Müttern mit kleinen Kindern, von denen uns manche neugierige Blicke zuwerfen und verschreckt wirken, wenn ich ihnen zulächle. Dazwischen sitzt auch eine seltsam wirkende Frau, die sich hinter einer riesigen Plastikflasche versteckt, um nicht zu viel Sonne abzubekommen. Das Schicksal will es, dass uns genau diese Frau aus den Fängen der fleißigen Schar von Taxifahrern an der Anlegestelle rettet. Sie bietet uns eine Mitfahrgelegenheit nach Senggigi an, einer der wenigen nahen Küstenstädte. Am Hafen wartet schon ein Fahrer mit ihrem Auto, also beschließen wir spontan, uns ihr anzuschließen.

Ihre Lebensgeschichte, die sie ohne große Nachfrage erzählt, ist ebenso ungewöhnlich wie faszinierend. Sie arbeitet auf Gili Air, lebt aber eigentlich auf Lombok, wo sie einige eigene Kinder hat und noch einmal so viele Adoptivkinder. Sie hat Kinder von den Eltern aufgenommen, die ihnen keine richtige Schulbildung ermöglichen können. Auf Lombok ist die Bildungsstruktur deutlich besser und die Kleinen bekommen eine Chance auf ein besseres Leben. Während sie arbeitet, kümmert sich ihre Mutter um die Kinder. Sie erwähnt keinen Ehemann, was mich hier auf der muslimischen Insel doppelt beeindruckend. Noch dazu scheint sie sich generell sehr gut durchsetzen zu können. Der hartnäckigste Fahrer am Hafen war ihr Bruder und, das erzählt sie ebenso offen, ganz tief in der indonesische Mafia Lomboks verstrickt. Ob all ihre Geschichten stimmen, kann ich nicht einschätzen, aber sie imponiert mir. Hier in Indonesien ein so starkes Frauenvorbild zu treffen, finde ich absolut beeindruckend. Es ist vergleichsweise einfach, in Deutschland feministisch eingestellt zu sein, wenn man in einer Gesellschaft lebt, in der Gleichberechtigung und Gleichstellung generell einen hohen Stellenwert haben. Wie mutig und vielleicht auch riskant das in einer Kultur wie dieser sein muss, kann ich mir nur vorstellen.

Sie macht uns zuliebe einen kleinen Umweg, und wir

fahren hauptsächlich an der Küste entlang, sodass wir schon einen groben Eindruck von Lomboks Landschaft bekommen: Weniger Bäume, dafür mehr Palmen, und es ist insgesamt deutlich trockener, aber nicht weniger schön als Bali. Was auffällt, ist das Fehlen der verschnörkelten Häuser und der hinduistischen Tempel, die das Bild Balis prägen. Nachdem uns der Fahrer an einem Hotel abgesetzt hat, weigert sich die Frau vehement, Geld von uns anzunehmen, und sagt, wir sollen bloß ihrem Fahrer ein wenig Geld für Zigaretten geben, wenn wir möchten.

Nachdem wir einen Tag lang versucht haben, die Insel selbstständig mit dem Motorroller zu erkunden, und damit mäßig erfolgreich waren, aber eine Strafe in Höhe von 20 Euro für Falschfahren kassiert haben, wollen wir es uns einen Tag später einfach machen und engagieren einen der eifrigen Touristenguides. Wir buchen genau wie auf Bali einen Fahrer, der uns von den Leuten des Guesthouses empfohlen wurde, und lassen uns von ihm die schönsten Sehenswürdigkeiten der Insel zeigen.

Der Tag startet etwas holprig. Zunächst müssen wir lange nach einem Bankautomaten suchen, weil die auf Lombok deutlich seltener vertreten sind als auf Bali, und dann die holprigen Serpentinenstraßen überwinden, die vor allem für mich und meinen von Reiseübelkeit geplagten Magen eine Herausforderung darstellen. Währenddessen werden wir vom Handy unseres Fahrers dauermalträtiert. Er wird im Fünfminutentakt von einem Kunden angerufen, allerdings ist die Netzabdeckung so schlecht, dass das Gespräch jedes Mal abbricht und das Spiel von vorn losgeht. An der seiner Aussage nach ältesten Moschee der Insel werden wir abgesetzt, und er entschuldigt sich mit der Begründung, kurz telefonieren zu müssen. Unsere Rucksäcke dürfen wir mit der Versicherung, dass das Auto abgeschlossen bleiben würde, zurücklassen. Also machen wir uns auf zur Besichtigung des Gebäudes, das sich als Strohhütte entpuppt, deren einziges Mobiliar eine übergroße Glocke darstellt. Etwas weniger beeindruckend als erhofft, aber vor über tausend Jahren haben die Leute vermutlich noch nicht viel auf Dekoration gegeben. Nach einer Runde durch das Dorf, auf der uns eine Schar Kinder wie Schatten folgt, setzen wir unsere Tour fort und besichtigen einen wunderschönen Wasserfall. Der Tag wird endlich besser, genau wie die Stimmung unseres Fahrers. Er ist zu Scherzen aufgelegt und beginnt uns auf typisch indonesische Art auszuquetschen. Er erkundigt sich nach unserem Ehestand und fragt mich darüber aus, weshalb ich keine Beziehung habe. Diese Tatsache ist für die Einheimischen nicht nachvollziehbar, das habe ich mittlerweile gemerkt. Wie kann man als Frau unverheiratet sein und allein um die Welt reisen? Das Ganze geht so weit, dass er am Ende einen Freund einsammelt, der das Fahren übernimmt, während er sich zu mir nach hinten gesellt. Ich verfluche David auf Deutsch wegen seiner mangelnden Unterstützung, während er sich herrlich über die unverdeckten Avancen amüsiert. Unser Fahrer macht deutlich, dass er durchaus für eine Heirat zu Verfügung stünde, falls ich bisher noch nicht den Richtigen gefunden hätte, und ich bin zunehmend genervt von der Situation. Als wir endlich an unserem Guesthouse ankommen, ihm sein Geld geben und ins Restaurant verschwinden, um unsere Mägen mit indonesischem Curry und Bananen-

Lassi zu füllen, bin ich nur froh, wieder meine Ruhe zu haben. Diese Zufriedenheit findet ein plötzliches Ende, als ich David meinen Anteil der Tagestour zurückzahlen will und feststelle, dass mein Portemonnaie sehr dürftig bestückt ist. Ich brauche einen Moment, um eins und eins zusammenzuzählen, aber letztendlich gibt es nur eine logische Erklärung: Ich war am Morgen beim Geldautomaten und hatte einen hohen Betrag abgehoben, was unser Fahrer zwangsläufig mitbekommen hat, da er uns an selbigem abgesetzt hat. Ich war naiv genug, ihm zu vertrauen, und habe meinen Rucksack mit meinem Portemonnaie im Auto zurückgelassen, als wir die Moschee besichtigten. Das war für ihn wohl ein gefundenes Fressen und erklärt auch seine deutlich gesteigerte Stimmung und das unverblümte Heiratsangebot. Sosehr ich mich auch über meine Gutgläubigkeit ärgere, kann ich der Sache doch keine wirkliche Tragik abgewinnen. Ich habe knapp 50 Euro verloren. Das schmerzt zwar, hat aber keine tragischen Folgen. Für ihn ist das Geld ein kompletter Tageslohn. Die Relationen sind mal wieder deutlich verschoben und auf ihn muss ich sehr reich gewirkt haben.

Nach den ersten Tagen auf der Insel habe ich bereits das Gefühl, dass man hier entgegen vielen Vorurteilen als Frau allein gut durchkommen kann. Als Tourist schützt einen genau dieser Status ein wenig. Und auch wenn es sehr angenehm ist, dass ich David dabeihabe, und so nur halb so viel angequatscht werde, stelle ich auf Spaziergängen allein fest, dass es nicht unmöglich wäre, hier ohne ihn unterwegs zu sein.

Zurück nach Adelaide

Von Lombok geht es ein paar Tage später zurück nach Kuta, von wo aus David nach Deutschland fliegt, ich bleibe noch und reise dann wieder nach Perth, wo ich den Zug nach Adelaide nehmen werde.

Nach etwas mehr als zwei Wochen bin ich zum ersten Mal wieder allein unterwegs. Ich empfinde gemischte Gefühle dabei. Obwohl ich mich sehr an David gewöhnt und die Zeit genossen habe, genieße ich es auch, noch einen Tag allein verbringen zu können, bevor ich nach Adelaide zu meiner alten Gruppe zurückkehren werde. Die anderen freuen sich auf meine Rückkehr, und es wird sicher erst wieder wuseliger werden. So vertreibe ich mir die Zeit mit leckerem Essen und Entspannen.

Am wahrscheinlich heißesten Tag, den ich bisher in Indonesien verbracht habe, sitze ich in einem kleinen Restaurant, genieße einen Teller mit rotem Reis, Gemüse-Curry und einen Bananen-Lassi. Es steht außer Frage: Essen macht glücklich – zumindest mich!

Währenddessen werde ich kurz von einem vorbeilaufenden Pärchen abgelenkt, dem nur noch ein Schild mit der Aufschrift »Wir sind Touristen« um den Hals fehlt: Cargo-Zipphosen, Funktionsshirts, Reiserucksäcke, Sonnenmilch auf der Nase – vermutlich LSF 50 – Sonnenhüte, Sonnenbrillen, die Canon-SLR in der Hand und Moskitospray in der Seitennetztasche des Rucksacks. Bestimmt sind sie Deutsche. Ich erkenne in ihnen wieder, wie ich knapp zehn Monate zuvor war. Auch ich war perfekt ausgestattet, hatte monatelang recherchiert, welcher Rucksack der beste ist, welche Utensilien ich auf Reisen brauche, welche Unterkünfte ich buchen kann, wie ich von A nach B komme und mich auf alles vorbereiten kann. In diesem Moment schaue ich an mir herunter: Ich sitze hier in Jeansshorts und Trägertop, habe seit Tagen keine Sonnenmilch mehr, weiß noch nicht, wo ich morgen in Perth schlafen werde, und habe es verschlafen, für meine Malariaprophylaxe zu sorgen. Mag sein, dass das unverantwortlich ist, ich denke aber eher, dass es auch mal ganz gesund sein kann, ein bisschen weniger deutsch zu sein und einfach loszulassen. Dieser Gedanke macht mich glücklich. Was dieses Gefühl noch verstärkt, sind die Hunderte von Glücksmomenten der letzten Monate, die immer öfter dafür sorgen, dass ich wie ein Honigkuchenpferd grinse und nicht weiß, wohin mit meiner Freude. Es gab tolle kulinarische Momente, nicht nur hier in Indonesien, sondern auch in Australien. In Adelaide zum Beispiel, wenn ich meine geliebten gefüllten Teigtaschen in meinem Stammrestaurant in Chinatown serviert bekomme und dahinschmelze. Oder wenn ich im Organic Shop um die Ecke des Hostels selbstgemachte Brownies mit Mandeln erstehe und damit durch die Straßen laufe, als sei ich in Trance.

Und dann gibt es natürlich meine vielen unterschiedlichen sozialen Kontakte. Angefangen mit den vor einigen Monaten neu entdeckten Skype-Telefonaten, während deren ich keinen Moment das Gefühl habe, meine Freunde wären 16 000 Kilometer entfernt, sondern glaube, sie säßen neben mir auf dem Sofa. Hinzu kommen die E-Mails, Blog-Kommentare und Facebook-Unterhaltungen mit Freunden und meiner Familie zu Hause, die meine Reise nicht nur tolerieren, sondern auch unterstützen. Und dann natürlich die Menschen, die ich hier kennengelernt habe. Sie alle haben meine Reise beeinflusst und mich bereichert auf meinem Selbstfindungstrip. Teilweise sind daraus Freundschaften entstanden, die, wenn ich Glück habe, ein Leben lang halten werden. Ich bin so dankbar für jeden Einzelnen von ihnen.

Und dann gibt es noch den unbeschreiblichen Aspekt, täglich neue Dinge zu sehen und zu erleben und so den eigenen Horizont um Längen zu erweitern. Auch wenn es wahrscheinlich nie ganz verschwinden wird, so ist das Naivchen in mir dadurch maßgeblich geschrumpft. Das schützt mich zwar nicht davor, auf Betrügereien hereinzufallen, aber vielleicht hat meine Naivität in diesem Zusammenhang ja auch etwas Gutes. Schließlich kann es nicht schlecht sein, immer wieder aufs Neue an das Gute im Menschen zu glauben.

All diese Erfahrungen sind so wertvoll und wichtig für mich und durch nichts zu ersetzen. Und so komme ich zu dem Schluss, dass aus dem Drang auszubrechen nun eine Art Zwang, in Bewegung zu bleiben, geworden ist. Ich möchte mehr sehen, mehr erleben und noch mehr spannende Menschen kennenlernen. Ich weiß noch nicht, wie das funktionieren soll, aber für mich steht nun fest, dass ich erst einmal nicht mehr sesshaft werden möchte. Deutschland wird im nächsten Jahr nur ein weiterer Zwischenstopp auf meiner Reise sein, um die Menschen wiederzusehen, die ich liebe und vermisse. Danach will ich es schaffen, meinen neuen Traum vom In-Bewegung-Bleiben umzusetzen, und weiterzuziehen. Und wie sagt man so schön: Wo ein Wille ist, ist auch ein Weg.

Adelaide und eine neue Definition von »Heimat«

Fang nie an aufzuhören, hör nie auf anzufangen.

Marcus Tullius Cicero

Zurück zu sein fühlt sich komisch an. Ich habe vor einer Weile gelesen, dass Jetlag nicht nur Zeitverschiebung umfasst. Darunter können auch sämtliche Arten von Anpassungsschwierigkeiten an neue Umgebungen fallen, auch Erschöpfungszustände nach langem Reisen. Ich fühle mich nicht nur, als hätte ein Elefant Tango auf mir geübt, sondern habe mir auch dank der Klimaanlage im Zug und dem Fehlen eines Schlafsacks eine Erkältung eingefangen. Da ich seit über neun Monaten nicht mehr richtig krank war, fühle ich mich ein bisschen wie ein Kerl: dem Tode nah. Mir fällt ein Zusammenhang zwischen Mückenstichen, Malaria und Mattheit auf und mein Krankenschwestern-Hypochonder-Herz hüpft. Zum Glück bin ich hier so abgelenkt, dass ich den Gedanken ganz gut verdrängen kann.

Als ich am Morgen im Hostel ankomme, werde ich von Mario begrüßt, der meine Ankunft schon erwartet hat. Er hat mir ein Geburtstagsgeschenk besorgt und überreicht mir mit einer festen Umarmung einen kleinen blauen Stoffdrachen. Ich erinnere mich an einen Abend, an dem wir den Film *Drachenzähmen leicht gemacht* geschaut haben. Dabei habe ich verkündet, dass ich mir einen blauen Drachen zum Geburtstag wünsche. Und nun halte ich das kleine Monster in Händen und weiß nicht, was ich sagen soll. Julia, eine Reisende, die, kurz bevor ich abgereist bin, neu in unserer Gruppe angekommen ist, erzählt mir später, dass Mario sie auf der Suche nach einem kleinen blauen Drachen durch die halbe Stadt geschleift habe. Drei Wochen lang habe ich Abstand gewonnen, und drei Stunden nach meiner Rückkehr bin ich wieder am gleichen Punkt wie zuvor und völlig unsicher, was ich tun soll. Egal ob dreizehn oder einunddreißig, es fühlt sich doch immer gleich an. Die Unsicherheit, die Zweifel, ob man sich das alles nur einbildet und schönredet, und die Frage, ob es überhaupt Sinn ergibt, Gefühle zu investieren. Wieder einmal bleibe ich in dieser Gedankenschleife stecken.

Nach und nach treffe ich die ganze Gruppe wieder. Die beiden Deutschen, die hier arbeiten, Patrick, einen weiteren Landesgenossen, der auch kurz vor meiner Anreise dazugestoßen ist, und Diego, den netten Chilenen. Es fühlt sich an, als würde ich in eine große Familie zurückzukommen. Jedes Mal wenn jemand zu uns stößt, gibt es ein großes Hallo und immer wieder die Frage, wie mir mein Bali-Trip gefallen habe. Meine Antwort ist immer die gleiche: Es war unglaublich schön! Ich wollte schon nicht mehr zurückkommen. Das Einzige, was ich in den vergangenen Wochen vermisst habe und wohin ich nun mit Freuden zurückgekehrt bin, sind das Hostel-Leben und die dazugehörigen Menschen.

Wenig später sammelt mich William ein, unser Kanadier, und überredet mich zum Mittagessen bei unserem Lieblingsrestaurant in Chinatown.

Während des Essens muss ich mit anhören, wie William am Telefon gefeuert wird. Einfach so. Bei ihm ist die Lage ein wenig anders als beim Rest von uns. Er hat einen richtigen Job, und seine Firma hat ihn von Kanada hierher entsandt für ein Zwei-Jahre-Projekt, das gerade erst drei Monate läuft. Dementsprechend vor den Kopf gestoßen sitzt er nun neben mir. Das einzig Gute daran ist, dass er den Job sowieso nicht leiden konnte und nun noch für ein paar Monate Thailand bereisen will, bevor er zurück nach Kanada geht. Oder er geht in die USA, um dort zu arbeiten. William ist auch ein Zugvogel, ständig auf neuen Pfaden unterwegs. Jetzt muss ich schon wieder Abschied nehmen, dieses Mal auch noch ganz unvorbereitet. Dieses ständige Auseinandergehen setzt mir schon länger zu. Kann man abstumpfen, ohne abzustumpfen? Wahrscheinlich nur indem man sich ständig vor Augen hält, dass man froh sein sollte, diesen Menschen überhaupt über den Weg gelaufen zu sein. Anders als bei den vielen Deutschen, die ich bisher näher kennengelernt habe, steht bei Leuten wie William in den Sternen, ob ich sie jemals wiedersehen werde. Zu ein paar Engländern möchte ich Kontakt halten, Mario lebt eigentlich in Italien und damit auch nicht allzu weit entfernt, aber Kanada? Da ist regelmäßiger Kontakt unwahrscheinlich, wenn auch nicht unmöglich. Und daran klammere ich mich nun bei solchen Abschieden. *Es ist nicht unmöglich!* Das wird mein neues Mantra.

Besonders weil ich mittlerweile immer häufiger davon träume, in den nächsten Jahren die Welt zu erobern.

Nach Williams Abreise pendelt sich in den nächsten Wochen wieder eine gewisse Routine ein. Ich warte auf Schichtzuweisungen, gehe in die verschiedenen Alterspflegeheime und verbringe die Abende zusammen mit den anderen bei Filmen oder Pubbesuchen. Ich genieße diese Zeit sehr und versuche zu ignorieren, dass sie ein klares Verfallsdatum hat.

Als die Schichten weniger werden, weil nun auch die einheimischen Pflegestudenten Semesterferien haben und sich ebenfalls Geld dazuverdienen, nehme ich einen Job als Aushilfe in meinem Hostel an. Am Vormittag helfe ich beim Auschecken, mache Betten und mache sauber. Als ich eines Tages zum Küchendienst eingeteilt bin, putze ich in eintöniger Routine einen Küchenschrank nach dem anderen, als mich eine lang verschüttete Erinnerung einholt.

An einen Morgen in meiner Frankfurter WG, an dem ich schon um acht Uhr wach wurde. Auf dem Weg ins Bad kam mir Josephine entgegen, meine Mitbewohnerin und Arbeitskollegin. Sie hatte Nachtdienst gehabt und war völlig fertig. Eine unserer Patientinnen hatte in den frühen Morgenstunden körperlich abgebaut und musste reanimiert werden. Josephine wurde die Bilder nicht mehr los und sie erzählte mir am Küchentisch von den Ereignissen der Nacht. Sie wollte nicht schlafen gehen, weil sie Sorge hatte, von Albträumen gequält zu werden. Dieses Gefühl kannte ich zu gut, und so fing ich an, mit ihr unsere Küchenschränke zu putzen. Bei lauter Musik aus dem Radio verbrachten wir den Tag damit, beschäftigt zu sein, um ja nicht zur Ruhe zu kommen.

In mir kommen weitere Erinnerungen hoch an einen Frühdienst ein paar Wochen weiter zurück, als ich in das Zimmer einer Patientin kam, in dem Josephine den Notruf aktiviert hatte. Sie kniete vor einem Bettchen, das Gitter an einer Seite heruntergelassen, und presste der kleinen Patientin die Sauerstoffmaske auf Mund und Nase. Die Flasche war voll aufgedreht, aber der kleine Körper fast komplett blau – der Sauerstoff kam nicht an. Eine Kollegin steckte den Kopf durch die Tür, weil ich den Alarm nicht abgestellt hatte, und ich rief ihr zu, dass wir den Notfallwagen, einen rollbaren Schrank mit Medikamente und Utensilien für Notfälle, und einen Arzt brauchen. Unser Oberarzt kam wenige Sekunden später hereingerannt, und das Zimmer füllte sich mit Schwestern, Ärzten und der weinenden, panischen Mutter, die sich an mich klammerte und um das Leben ihres Kindes bettelte. Ich drückte sie einer Kollegin in die Arme, die sie aus dem Zimmer führte, und schob das Bett in die Mitte des Zimmers, während die hereinstürzenden Intensivschwestern begannen, die Intubation vorzubereiten.

In die Luftröhre des Kindes musste ein Schlauch eingeführt werden, damit der Sauerstoff es wieder in die Lunge schaffte. Aber ihr ganzer Körper war zugeschwollen, angefüllt mit Flüssigkeit, die nicht mehr abtransportiert werden konnte – die Folgen der starken Chemotherapie. Medikamente, die den Krebs vernichten und sie retten sollten, hatten Schäden im Körper verursacht, die genau das Gegenteil bewirkten. Zu sechst bearbeiteten wir das Mädchen, kämpften darum, die

lebenserhaltenden Funktionen ihres Körpers wieder-
herzustellen.

Eine halbe Stunde später verließen die Intensivschwestern und unsere Oberärzte mit Kind und Bett
die Station, und Josephine und ich blieben im Zimmer
zurück. Ich wusste, dass das Adrenalin mich die ganze
Zeit über konzentriert gehalten hatte, mich wach und
reaktionsschnell gemacht hatte. Aber diese Ruhe in mir
schockierte mich. Ich schaute mich im Zimmer um, sah
das Blut auf dem Boden und die Spritzer an den Wänden. Sah die Schläuche und Kabel von Infusionsstän-
dern und Monitoren baumeln und begann automatisch, aufzuräumen und die Spuren der letzten Stunde
zu beseitigen. Frederike und eine weitere Schwester
kamen zurück ins Zimmer, schlossen die Tür und hal-
fen uns dabei, alles in Ordnung zu bringen. Keine von
uns sprach, und wir schirmten uns instinktiv vom Ge-
schehen auf Station außerhalb der Zimmertüre ab, um
alles sacken zu lassen und zu verarbeiten. Aber das ist
eine Illusion.

Während ich an diesem Morgen die Küchenschränke
in Adelaide auswasche, ist jeder einzelne Moment dieses Frühdienstes immer noch in meinen Kopf eingebrannt. Ich kann diese Erinnerungen nicht weg-
wischen, sie werden zu stetigen Begleitern. Manchmal
saß ich mit einem Glas Wein in der Hand und einem guten Buch auf dem Schoß auf dem Balkon unserer Wohnung und sie trafen mich wie ein eiskalter Windstoß.
Ohne Vorwarnung sind sie einfach wieder da. Dann
schnürt es mir die Luft ab, ein Kloß sitzt in meinem
Hals, und es fühlt sich so an, als würde ich die glück-
lichen Momente in meinem Leben gar nicht verdienen,

solange jeden Tag in Krankenhäusern überall auf der Welt Kinder an Krebs sterben.

Irgendwann gingen Josephine und ich am Tag unserer Putzaktion gemeinsam zum Abendessen in ein hübsches Restaurant, bevor wir uns am frühen Abend an unseren Zimmertüren gute Nacht wünschten. Ich wusste genau, Josephine würde bis in die späten Abendstunden mit ihrem Freund telefonieren und Filme schauen. Sinnlose, romantische oder lustige Filme, die sie von allem ablenken sollten, bis die Müdigkeit so stark würde, dass sie sich nicht mehr dagegen wehren konnte. Ich wusste es, weil ich es selbst so oft so gemacht habe. Versucht habe, meine Arbeit und die Gedanken an Patienten, die am nächsten Tag auf Station warten, auszublenden. Die Gedanken daran, dass ich nie genau wusste, was mich erwarten würde: ein guter Tag ohne besondere Vorkommnisse oder ein schlechter mit neuen Erinnerungen, die niemand haben will. Selbst hier und jetzt, weit weg und mit Monaten Abstand, fühlen sich diese Erinnerungen noch frisch und wund an. Wie ein großer Kratzer, der nicht heilen will. Ich frage mich, ob er das jemals tun wird.

Ein paar Wochen später feiern wir mit einem typisch italienischen Essen Marios Abschied und machen danach in unserem Stammclub die Nacht zum Tag. Auf dem Weg dorthin legt er den Arm um mich und nimmt meine Hand, als wäre es völlig selbstverständlich. Als ich ihn frage, was los ist, antwortet er schlicht, das sei seine Art, seine Gefühle auszudrücken. Ich habe einen Kloß im Hals und sage nichts, drücke aber seine Hand und hoffe, er versteht auch so, was ich gerne antworten würde, wofür mir aber die Worte fehlen. Wir tanzen bis in den frühen Morgen. Eine Gruppe Reisender von überall auf der Welt. Jeder mit seiner eigenen Geschichte im Gepäck und jeder aus anderen Gründen gerade an diesem Ort. Irgendwann kommt der unvermeidliche Zeitpunkt und wir machen uns auf den Heimweg. Bettina und ich brechen auf, während Mario mit ein paar Jungs noch in der Disco bleibt. Wir umarmen uns sehr lange. Ich versuche wieder, in diese Umarmung all das zu legen, was ich einfach nicht aussprechen konnte, weil mir der Mut fehlte.

Auf dem Heimweg bin ich sehr still und versuche herauszufinden, ob ich mit mir im Reinen bin. Der Realismus gewinnt schnell die Oberhand. Für eine kurze Romanze war ich gefühlsmäßig schon zu tief involviert. In Anbetracht von Marios Rückkehr nach Italien und meiner weiteren Reise, die ich auf keinen Fall abbrechen würde, wäre ein Ende mit Herzschmerz absehbar gewesen. Und ich bin niemand, der Liebeskummer besonders gut wegsteckt. Ich leide lange und intensiv, und damit möchte ich meine nächsten Monate nicht überschatten.

Eine knappe Woche später kommen die Ergebnisse des IELTS-Sprachtests, den ich knapp einen Monat zuvor gemacht habe, und holen mich ordentlich auf den Boden der Tatsachen zurück. Für die Registrierung und ein Visum in Australien – was sich schon relativ hartnäckig als Möglichkeit in meinem Kopf eingenistet hat – brauche ich in jedem Prüfungsteil mindestens sieben Punkte, was bei einer Maximalpunktzahl von neun schon relativ hoch ist, mir aber eigentlich keine großen Sorgen gemacht hatte. Ich war mir wohl zu sicher gewesen und hatte mich nur sehr sparsam vorbereitet. Nun habe ich in einem der Abschnitte zu wenig Punkte erreicht, womit sich die Woche für mich ziemlich erledigt hat. Ich kann nicht mehr abschalten, und es fällt mir schwer, zur Ruhe zu kommen. Als hätte mir jemand den Boden unter den Füßen weggezogen … Dabei geht es nicht nur um Australien, auch wenn der Abschiedsschmerz voll einschlägt. Hunderte verschiedener Gedanken und Gefühle toben in mir, und ich bekomme sie einfach nicht in geregelte Bahnen gelenkt. Ich möchte Australien nicht verlassen, und ich möchte auch nicht einfach als Touristin wiederkommen. Andererseits war das mit dem Test vielleicht ein Wink des Schicksals. Hinzu kommt, dass ich mich fühle, als hätte ich versagt. Ich war völlig überheblich und habe mich kaum auf diesen Test vorbereitet, der immerhin 330 Dollar gekostet hat.

Irgendwie bin ich mir auch gar nicht mehr so sicher, ob Australien nicht einfach nur der bequemste Weg gewesen wäre, aber vielleicht gar nicht der, den ich wirklich einschlagen wollte. Ich verspüre die Panik hochkommen, die seit etwa einem halben Jahr in mir brodelt: Nach Deutschland zurückzukommen und dann dort festgenagelt zu sein. Festzusitzen. Eingesperrt zu sein. Allein bei der Vorstellung, länger als drei Monate an einem Ort verbringen zu müssen, bekomme ich Schweißausbrüche.

Wie oft habe ich von meinen Freunden hier, die mich gerade besser verstehen als jeder andere, in den letzten Tagen gesagt bekommen, ich solle auf mein Bauchgefühl hören. Und immer wenn ich die Augen schließe, tief durchatme und meinen Bauch frage, was er will, bekomme ich die gleiche Antwort. Ein lautes, deutliches: Ich will reisen! Zumindest dieses Ziel, das ich mir zu Beginn meines Reisejahres gestellt habe, ist eindeutig erreicht. Ich weiß endlich, was ich will. Nur leider bin ich völlig ratlos, wenn es an die Umsetzung geht. So verharre ich nun seit drei Tagen in einem Zustand zwischen Panikattacken und Verzweiflung. Egal wie sehr ich mich damit zu beruhigen versuche, dass ich noch Monate Zeit habe, um einen neuen Weg zu finden, dieser Zustand lässt sich einfach nicht abstellen.

Nun folgen auch die Abschiede von den anderen Leuten der Gruppe schnell nacheinander und ich bekomme traurige Routine darin. Ich habe beschlossen, über Weihnachten in Adelaide zu bleiben, um die gefürchtetsten Tage im Jahr eines Alleinreisenden in netter Gesellschaft zu verbringen. So bin ich die Letzte aus unserer alten Clique, die Ende Dezember übrig bleibt, auch wenn immer wieder sehr nette Neuankömmlinge dazugekommen sind. Auch Bettina ist nach Deutschland zurückgereist, aber der Abschied von ihr war der tröstlichste, denn sie in Zukunft wiederzusehen ist sehr gut möglich.

Am ersten Weihnachtsfeiertag gibt es ein großes Essen, spendiert von den Hostel-Besitzern und ausgerichtet von uns Bewohnern. Es ist ein bisschen seltsam, bei 35 Grad und strahlendem Sonnenschein Weihnachten zu feiern. Ein paar Tage zuvor war ich mit zwei der Jungs am Strand, um witzige Fotos mit Weihnachtsmützen zu schießen und sie nach Hause zu schicken. In kurzer Hose und Trägershirt wirkte die Szene sehr merkwürdig, und Weihnachtsstimmung kam so gar nicht auf – dafür aber auch nicht die gefürchtete Melancholie. Im Supermarkt stehen in einer kleinen Ecke Weihnachtssüßigkeiten, die kaum jemand in die Hand nimmt. Sie würden draußen sowieso sofort schmelzen.

Zwei Tage vor Heiligabend überlegen wir, was wir Weihnachten Besonderes machen könnten. Geschenke wird es keine geben, und so beschließen wir, mit Delfinen schwimmen zu gehen. Von Adelaide aus gibt es eine Tagestour, auf der uns ein Boot an Stellen bringt, die die wilden Delfine häufig besuchen. Schon nach wenigen Minuten auf See flitzen sie an uns vorbei. Da ich dank des Neoprenanzugs wie ein Marshmallow auf der Wasseroberfläche schwimme, betrachte ich das Spektakel vom Boot aus. Unter strahlender Sonne stehe ich im Bikini an der Reling und beobachte, wie die Delfine sich einen Spaß daraus machen, mit den Leuten zu spielen, die an einem Seil schwimmen, das vom Boot ins Wasser hängt. Es ist das beste Weihnachtsgeschenk, das ich mir hätte machen können!

Am Tag von Heiligabend überlege ich, wie ich diesen Tag verbringen möchte. Obwohl ich das Angebot bekommen habe, abends mit den anderen zu kochen, entscheide ich mich dafür, diesen Tag allein zu verbringen. Ich bin nicht melancholisch oder traurig, sondern einfach nicht in der Stimmung für Gesellschaft. Also gönne ich mir einen Tag mit allem, was ich gerne mache: Ich gehe Eis essen, shoppen, Abend essen bei meinem Lieblings-Chinesen und anschließend in eine Komödie im Kino. Auf dem Weg nach Hause, im Laternenlicht von Adelaide, stecke ich mir Kopfhörer in die Ohren, drehe die Musik auf meinem mp3-Player laut auf und tanze durch die Straßen. Es ist mir egal, was andere dabei von mir denken, und es fahren ohnehin kaum Autos vorbei. Ich habe ein dickes Grinsen im Gesicht und bin durch und durch glücklich.

Der erste Weihnachtsfeiertag ist bestimmt von Vorbereitungen für das große Mittagessen. Ich verbringe die meiste Zeit in der Küche, und als ich dort endlich fertig bin, komme ich auf die Terrasse und stelle fest, dass kein Platz mehr frei ist. Überall haben sich Grüppchen zusammengefunden und ich sehe keine Lücke. Mich überfällt eine plötzliche Traurigkeit, weil dieses Bild das Gefühl der letzten Tage widerspiegelt. Ich gehöre hier nirgendwo mehr richtig dazu. Ich vermisse William, Mario und Bettina und merke, dass es Zeit wird aufzubrechen. Adelaides Verfallsdatum war definitiv heute, vielleicht sogar schon, als Bettina abgereist ist. Also setze ich mich mit meinem Teller an den Laptop und plane meine Weiterreise. Es wird Zeit, sich von Australien zu verabschieden. Ich könnte auch mein Visum ausreizen und noch einen weiteren Monat sparen und arbeiten, aber meine abenteuerlustigen Füße kribbeln wieder. Hierzubleiben bedeutet keine angenehme Routine in einer tollen Gemeinschaft mehr, sondern eine erzwungene Arbeitszeit unter wechselnden Reisenden. Wie schnell sich die Dinge doch ändern können.

So buche ich meinen Rückflug nach Deutschland. Den hatte ich bereits gekauft, das Rückflugdatum kann ich flexibel innerhalb eines Jahres wählen. Allerdings werde ich nun die Hälfte davon verfallen lassen und meinen Zwischenstopp in Kuala Lumpur in Malaysia als Startpunkt nutzen, um Südostasien zu bereisen. Allein beim Gedanken daran brodeln in mir schon wieder das Reisefieber und die Vorfreude. Es wurde höchste Zeit.

Der kurze Stopp in Kuala Lumpur reicht für eine meiner typischen Stadtbesichtigungen, bei denen ich alles, was mich reizt, auf meiner Karte markiere und es einfach ablaufe. Die Stadt ist interessant, hinterlässt allerdings keinen bleibenden Eindruck.

In den nächsten Tagen reise ich weiter nach Georgetown in Richtung Westküste in die Region Penang. Ich komme zügig voran, weil mich keiner der Orte besonders fesselt. Meine Erkundungstouren mache ich allein und genieße es sehr. Nach der langen geselligen Zeit in Australien brauche ich nun wieder ein wenig Zeit mit mir. Auch wenn der Tourismus hier etwas anders aussieht als in Australien und es deutlich weniger Alleinreisende gibt, könnte ich jederzeit jemanden finden, mit dem ich etwas unternehmen kann. Dadurch, dass ich diesen Zustand frei wähle und nicht allein sein *muss*, fühlt er sich sehr gut an. Allerdings schrecken mich manche Reisende hier auch sehr ab, wie zum Beispiel der ausgemergelte Franzose, der sich neulich beim Frühstück zu mir gesetzt hat, oder der »Free hugs«-Kanadier, der in meinem Schlafsaal wohnt. Er hat lichtes Haar, trägt meist kein Shirt, was in seinem Fall nicht unbedingt von Vorteil ist, und versucht hartnäckig, mich und die anderen Hostel-Gäste zu umarmen. Ich weiß nicht genau, woran es liegt, aber die Reisenden, die ich hier treffe, sind irgendwie anders als in Australien. Es mag vielleicht auch daran liegen, dass ich dort auch von vielen deutschen Reisenden umringt war, was hier kaum mehr der Fall ist.

Mein nächster Stopp ist die Insel Langkawi. Dieses Mal bin ich wirklich vollkommen unvorbereitet und trotzdem sehr entspannt. Ich weiß weder, an welcher Ecke der Insel ich angekommen bin, noch wie groß sie überhaupt ist, ob ich ein Taxi brauche oder wo die schönen Ecken und günstigen Unterkünfte sind. Vor dem Hafengebäude steht eine Frau mit kostenlosen Karten, von denen ich mir eine schnappe, bevor ich mich nach der Hauptstraße erkundige. Auf meine Frage, ob ich dorthin laufen könne, lacht sie mich aus. Das bedeutet wohl nein. Also lasse ich mich mit dem Taxi zu einem netten Hostel bringen und lande wieder einmal am Strand. Dort plane ich bereits mein nächstes Ziel, denn auch Langkawi beeindruckt mich nicht nachhaltig. Ein fauler Tag am Strand, und schon packe ich meinen Rucksack und mache mich auf den Weg nach: Thailand.

Koh Lipe, Thailand

Meine erste Station in Thailand ist Koh Lipe. Ich bin voll motiviert, ein neues Land und eine neue Insel kennenzulernen, und völlig sicher, dass nun alles wieder viel spannender wird. Um acht Uhr holt mich das Bustaxi ab und bringt mich zum Hafen, von wo aus ich per Schnellboot auf die Insel gelange.

Als ich dort ankomme, erinnert mich der Anblick an die kleinen Inseln in Filmen, auf denen Schiffbrüchige stranden. Koh Lipe ist umsäumt von rund geschliffenen großen Felsen und Palmendschungel, und ich lande an einer traumhaften Bucht mit türkisfarbenem, glasklarem Meer, das mich an Indonesien erinnert. Einzig die grauen Wolken und die zahlreichen Boote, die dicht gedrängt im seichten Wasser schwimmen, stören das Bild ein wenig.

Dieses Mal bin ich gut vorbereitet und habe zwei Namen von Ressorts in mein Handy gespeichert. Allerdings habe ich Pech und werde bei beiden Unterkünften abgewiesen, weil alles belegt ist. Als ich endlich etwas finde, sind die Preise so horrend, dass ich mich auf den Weg ins Innere der Insel mache, um etwas Günstigeres zu finden. Der Weg dorthin versetzt mir einen Schock. So sieht also eine ehemalige Trauminsel aus, wenn der Massentourismus sie überfällt wie ein Parasit. Ich sehe nichts außer gerodeten Wäldern und mehr Müllbergen als in meinem ganzen bisherigen Leben. Immer wieder komme ich an kleinen Hütten vorbei, in denen die Einheimischen hinter den Resorts zwischen Müll und Wäscheleinen wohnen.

Wenig später lande ich wieder auf belebteren Pfaden, die ersten Restaurants und Souvenirbuden reihen sich aneinander und verdecken die Müllberge dahinter. Im kleinen Zentrum der Insel finde ich endlich eine preislich annehmbare Bleibe, sie liegt etwas abgelegen auf einem Hügel im Wald. Ich beziehe eine Hütte aus Bambus mit Holzfußboden, durch den ich den Sand sehen kann. Sie ist schlicht, aber völlig in Ordnung. Das Bett ist eine Doppelmatratze auf dem Boden, fest umspannt von einem Moskitonetz. Dazu ein kleines Außenbad mit Duschkopf an der Wand und Toilette, aber ohne Spülung und Toilettenpapier, dafür ist der bewährte Schlauch zur Hand.

Ein wenig missmutig gehe ich erst einmal auf die Suche nach Frühstück, um mich aufzumuntern. Ich war sicherlich naiv, aber ich kann das Bild von traumhaften thailändischen Stränden, türkisfarbenem Meer und gemütlichen Bambushütten einfach nicht mit dieser riesigen Müllhalde zusammenbringen. Das Frühstück hilft trotz Nutella nicht wirklich, meinen Schockzustand abzumildern. Danach starre ich eine halbe Stunde vor mich hin und überlege, wie es weitergehen soll. Während der Himmel immer grauer wird und es anfängt zu tröpfeln, ist es für mich völlig in Ordnung, nur dumm herumzusitzen. Die vergangenen Tage fühlen sich an wie ein Rückschritt: Außer den Mahlzeiten habe ich nicht viel genossen, und ich bin wieder getrieben von dem Gefühl, die Zeit sinnvoll nutzen zu müssen. Ich wechsle von einem Ort zum nächsten in der Hoffnung, es gäbe etwas zu erleben, was den zeitlichen Aufwand kurz vor Ende meiner Reise rechtfertigt. Mein altes, tief eingeprägtes Produktivitätsdenken hat mich wieder. Monatelang habe ich daran gearbeitet, es loszuwerden, und kaum bin ich aus Australien abgereist, hat es mich wieder fest im Griff: Ich habe ein schlechtes Gewissen, wenn ich einfach nur am Strand herumliege, empfinde Schuldgefühle, wenn ich abends im Bett Serien schaue, statt meine Reiseführer zu wälzen, und bedaure jeden Tag, den ich durch schlechte Vorbereitung verliere – so wie jetzt auf dieser Insel. Ich rechtfertige mich ununterbrochen vor meiner inneren Stimme, die mir einredet, ich müsse dies sehen und jenes machen und was ich alles verpasse, wenn ich dort nicht hingehe und jenes nicht besuche.

Also führe ich einen strengen Monolog mit mir selbst. Schluss damit! Ab jetzt wird wieder auf das Bauchgefühl gehört, denn das war im letzten Jahr, als es endlich zu Wort kam, mein bester Freund und Reisebegleiter. Und somit beschließt mein Bauchgefühl auch, dass ich gleich am nächsten Tag eine 24-Stunden-Fahrt mit Fähre, Bus und Zug durch halb Thailand auf mich nehme und nach Bangkok übersiedele. Die Inseln reizen mich nach diesem Erlebnis so gar nicht mehr, und wenn mir am Ende meiner Reise noch der Sinn danach steht, kann ich auch dann noch meinen Beitrag zum zerstörerischen Massentourismus leisten. Im Moment sehne ich mich nach anderen Dingen.

Mein zweiter und zugleich letzter voller Tag auf Koh Lipe ist mindestens so frustrierend wie der Tag zuvor. Langsam bin ich so unmotiviert, dass ich eine gute Stunde brauche, um überhaupt vor meine Hütte zu treten und mir etwas zu essen zu suchen. In einem der Restaurants mit WiFi surfe ich ein wenig nach Inspiration und finde stattdessen Beiträge in Reiseforen, in denen mir vom Besuch auf Koh Lipe abgeraten wird. Gut gemacht, Carina.

Es ist grau, wolkig und relativ frisch, und so brauche ich noch zwei weitere Stunden, um ans Meer zu gelangen und wenigstens den Kopf unter Wasser zu stecken, um die Korallen zu besuchen. Als ich dort ankomme, reicht mir ein Blick auf die vielen Boote und ein Zeh im kalten Wasser, um umzukehren. Ich verschwinde in meine Hütte und unter die Bettdecke, und wenig später fängt es an Bindfäden zu regnen. Meine Moral ist auf dem Tiefpunkt, und so versinke ich in meinem Notfall-Plan Nummer eins für solche Situationen: einem Comedy-Serien-Marathon.

Als das Longboat, das mich am nächsten Tag ans Festland bringen soll, dann auch noch über Korallen kracht und mit Sicherheit einige mitreißt, bricht es mir zum Abschied vollends das Herz. Diese wunderschöne Insel ist wohl innerhalb kürzester Zeit regelrecht ausgeschlachtet worden und ich trage mit meinem Aufenthalt auch noch dazu bei. Dieser Gedanke deprimiert mich sehr. Auch ich bin Teil des Massentourismus, der dafür verantwortlich ist, das brauche ich mir nicht schönzureden. Ein weiterer Grund, die anderen Inseln zu überspringen und direkt ins Inland zu reisen.

Als der Zug nach Bangkok mit einigen Stunden Verspätung am Bahnhof einrollt, frage ich mich ernsthaft, ob mein Glück mich komplett verlassen hat. Ich komme schnell zu dem Entschluss, dass mein Budget-Reisen ab sofort um mindestens eine Komfortstufe ansteigt, denn so macht es keinen Spaß mehr: Der Zug ist in einem schlimmen Zustand. Die Fenster lassen sich nicht zuschieben, nach einer Stunde ist mein Heuschnupfen durch Staub und Pollen von draußen in Höchstform, und auf den Bodentoiletten gibt es kein fließendes Wasser, was den üblen Geruch im Zug erklärt. Ohne Wasser ist auch Abspülen, Händewaschen und Zähneputzen unmöglich. Schon nach einer halben Stunde verfluche ich meinen Entschluss, diese Fahrt im Sparmodus angetreten zu haben.

Endlich in Bangkok angekommen, gehe ich einfach in der nächstgelegenen Straße ins erstbeste nett aussehende Guesthouse und buche mir ein Einzelzimmer. Mittlerweile ist mir der Preis relativ egal, ich will nur noch meinen Rucksack loswerden, eine Dusche nehmen und meine Ruhe. Die Genervtheit ist auf dem Maximum angekommen, was mit Sicherheit auch am fehlenden Schlaf liegt, an den im lauten, ruckelnden Zug nicht zu denken war. Wahrscheinlich kann ich die Erlebnisse der vergangenen Tage bald als interessante Erfahrung abstempeln, aber im Moment kann ich daran absolut nichts Gutes finden.

Der nächste Tag wird vom starken Internet des Guesthouses gerettet, was mir die Möglichkeit gibt, endlich wieder Kontakt nach Hause herzustellen und meinen Blog zu füttern. Das wurde im letzten Jahr zu einer Therapie, um schlechte Tage und Zeiten aufzuarbeiten und mich nicht so einsam zu fühlen. Nach einem faulen restlichen Tag auf dem Bett, der nur von einem kleinen Abstecher zum Abendessen unterbrochen wurde, merke ich, wie die Gereiztheit der letzten Tage endlich schwindet. Manchmal bin ich so im Reisefieber, dass ich mir zu wenig Auszeit gönne. Und nach eineinhalb Tagen in öffentlichen Verkehrsmitteln brauche ich dringend eine Verschnaufpause. Man sieht Reisen als Abenteuer, auf dem man Straßen erobert, Sehenswürdigkeiten entdeckt und exotisches Essen genießt, aber wir vergessen immer wieder, wie anstrengend das auch sein kann – vor allem, wenn Ortswechsel dazwischenliegen.

Am nächsten Tag fühle ich mich fit genug um endlich ein wenig mehr von Bangkok zu sehen als die Touristenecke, in der ich gelandet bin. Vor ein paar Tagen habe ich über Couchsurfing mit Sarah Kontakt aufgenommen, einer 36-jährigen Amerikanerin, die gerade ebenfalls in Bangkok Leute für Unternehmungen sucht. Wir haben uns entschieden, am Abend gemeinsam die Night Markets Bangkoks zu entdecken. Etwas Besseres hätten wir uns nicht vornehmen können. Wir fahren mit dem Boot über den Fluss nach Chinatown. Dabei können wir in der Dämmerung unzählige beleuchtete Tempel auf beiden Flussufern bewundern. Allein das ist den Ausflug schon wert gewesen und definitiv einer der schönsten und ungewöhnlichsten Anblicke, die ich bisher auf meiner Reise hatte. Als wir dann durch die geschmückten und hell beleuchteten Straßen Chinatowns schlendern, überall exotische Geschäfte und offene Lebensmittelstände, und uns gar nicht entscheiden können, wo wir anfangen sollen zu schlemmen, weiß ich wieder, warum ich das Reisen so sehr liebe. So läuft das immer wieder: Das größte Stimmungstief kann innerhalb von 24 Stunden von einem absoluten Hoch abgelöst werden. So richtig habe ich nicht die Kontrolle darüber.

Reisen ist wie ein großes Überraschungsei, das ich jeden Tag neu öffnen darf. Von dieser Hochstimmung wieder etwas motiviert, lasse ich mich dazu hinreißen, ein Zugticket nach Chiang Mai zu buchen, trotz der schlechten Erfahrungen der letzten Zugfahrt. Dieses Mal habe ich definitiv etwas richtig gemacht, denn auch wenn das Ticket teurer war, habe ich nun den klimatisierten Zugteil gebucht, und der sieht genauso toll aus wie die Fotos der auf Website. So lande ich deutlich besser gelaunt in Chiang Mai. Die kleine Stadt überzeugt mich mit ihrem bescheidenen Charme auf den ersten Blick. Alte Stadtmauern begrenzen den Stadtkern und schließen damit über dreihundert Tempel in ein kleines Nest. Den nächsten Tag verbringe ich damit, gefühlt zweihundert von ihnen zu besichtigen.

Der erste Tempel, auf den ich stoße, ist, verglichen mit den anderen, relativ dezent und liegt in einem kleinen Park mit vielen Statuen und kleinen Gebäuden. Langsam bin ich Expertin, was Etikette in Tempeln betrifft: nie mit Schuhen betreten, Schultern und Beine bedecken und niemals mit den Füßen in Richtung des Buddha hinsetzen. Sind Mönche anwesend, sollte man als Frau gebührend Abstand halten, sie nicht ansprechen oder ihnen etwas reichen.

Anschließend lande ich in einem nahegelegenen

Teakholz-Tempel, der in seiner dunklen Erscheinung wunderschön ist. Ich stelle fest, dass das Innere der Tempel meist ähnlich aufgebaut ist: Eine oder mehrere kleine goldene Buddha-Statuen versammeln sich um einen großen goldenen Buddha. Stehend oder sitzend, wirkt dieser meist sehr beeindruckend. An den Wänden ringsherum wird in Bildern von Buddhas Leben erzählt, von der Entdeckung der Armut außerhalb seiner Königsmauern, seinen Lehren und Meditationen bis hin zur Erleuchtung und dem Eintritt ins Nirwana.

In diesem Tempel werden gerade überall Opferbänder aufgehängt, bestückt mit Botschaften, 20-Baht-Scheinen und Zetteln mit den Namen der Orte, denen die Spenden zukommen sollen. Sehr verwirrend finde ich vor allem die Mönchsskulpturen, die manchmal vor dem großen Buddha stehen. Vor der ersten bleibe ich eine ganze Weile stehen und starre sie an, weil ich nicht feststellen kann, ob sie echt ist. Wenn er echt gewesen wäre, wäre ich wahrscheinlich zu Recht wegen Distanzlosigkeit und Unhöflichkeit rausgeworfen worden. Zum Glück geht es auch anderen Leuten so wie mir. Ich würde gerne jemanden fragen, was es damit auf sich hat, bin aber zu eingeschüchtert und verlasse den Tempel mit einer großen Neugier.

Chiang Mai ist die erste Stadt, in der ich mich nur am ersten Tag verlaufe. Dank des relativ kleinen Stadtkerns, der Begrenzung durch die Stadtmauern und des Wassergrabens, der sie umringt, finde ich mich in den wenigen parallel zueinander verlaufenden Straßen leicht zurecht.

Zurück im Guesthouse, wollte ich den Tag entspannt und faul ausklingen lassen, und auch das anstehende

Couchsurfer-Treffen am Abend hätte mich wahrscheinlich nicht wieder aus meinem Stuhl geholt, wenn da nicht eine Nachricht von Sarah auf mich gewartet hätte.

Schließlich landen wir also wieder auf einem Night Bazaar, der zwar bunt und schillernd ist mit seinen Hunderten von Lichtern, aber letztendlich immer das Gleiche bietet. Bedruckte T-Shirts, gefälschte Kleidung, gefälschte Uhren, gefälschte Schuhe, gefälschten Schmuck …

Nach gut zwei Stunden verschwimmt alles vor unseren Augen, und wir kehren auf der Suche nach leckerem Essen in ein kleines Restaurant am Ende der Marktstraße ein, vor dem typische kleine Tischchen mit roten Plastikstühlen stehen.

Gesättigt und erholt machen wir uns später auf den Weg zum Tor, an dem das Couchsurfing-Meeting stattfinden soll. Schnell treffen wir andere Wartende, darunter ein weiterer Amerikaner, Ian aus London, der mir Tipps zu Laos und Vietnam gibt und etwas die Beklemmung vor Laos nimmt, und Jacques aus Frankreich, mit dem ich schon mal geschrieben habe. Nach einer Weile beschließen Sarah, Jacques und ich, noch einmal in Richtung Markt aufzubrechen. Wir haben den Tipp bekommen, nach dem Night Bazaar noch etwas weiter zu laufen, dahinter sei der eigentliche Night Market der Einheimischen. Nachdem wir eine etwas gruselige Seitengasse durchquert haben, landen wir tatsächlich in einer tollen Marktstraße voller Essensbuden und hübscher Blumenständen. Hier sind wir nun die einzigen Touristen, an den Kleidungs- und Essensständen steht alles in für uns unleserlicher thailändischer Schrift und das Essen ist sehr authentisch. Keine westlichen Gerichte oder deren Einflüsse, es stehen ausschließlich thailändische Landesgerichte auf der schlichten Karte. Mein Herz blüht auf bei diesem Anblick. Ich habe kein Problem damit, eine Touristin zu sein, denn dieser Status bietet mir ein gutes Maß an Sicherheit, aber wenn ich ab und zu einen Blick hinter die Kulissen des Tourismus bekomme, genieße ich es in vollen Zügen. Um Mitternacht lande ich nach einem tollen Tag voller schöner Eindrücke und mit schmerzenden Füßen endlich im Bett. Nach Chiang Mai zu reisen war die richtige Entscheidung.

Nachdem viele Reisende so begeistert von ihren Erfahrung in Vapissana-Meditationskursen berichtet haben, konnte ich nicht widerstehen und habe mich für einen 10-Tage-Kurs in Battambang in Kambodscha beworben. Schon einen Tag später hatte ich die Zusage im elektronischen Briefkasten und war vollends begeistert. Je näher der Kurs nun rückt, desto mulmiger wird das Gefühl in meinem Magen, weil ich den Eindruck habe, dass das gerade nicht das Richtige für mich ist. Dabei hätte ich nicht einmal Probleme damit, zehn Tage nicht reden zu dürfen. Gerade spreche ich abgesehen von den Treffen mit Sarah auch nicht besonders viel. Vielmehr bereitet mir das stundenlange Beschäftigen mit Atmen und vor allem mit mir selbst Kopfzerbrechen. So viel Zeit möchte selbst ich nicht mit mir verbringen. Meditation zu erlernen wäre sehr interessant, aber ich glaube, für solch eine extreme Erfahrung bin ich zu bequem. Ich brauche mein Internet, meine Serien und meine asiatischen Köstlichkeiten. Im Seminar gäbe es lediglich Frühstück, Mittagessen und abends ein paar Früchte. Bei dieser Reise geht es für mich um das Genießen fremder Kulturen und um Zeit für mich, in der ich frei bestimmen kann, was ich wann tun möchte. Es geht um Selbstbestimmtheit, und dieser Meditationskurs, so bereichernd er vielleicht sein könnte, bedeutet genau das Gegenteil. Vielleicht versuche ich es nochmal zu einem anderen Zeitpunkt, aber jetzt gebe ich meinen Platz frei, und sofort überkommt mich Erleichterung.

Vor ein paar Monaten hätte mir ein Meditationskurs mit Sicherheit mehr gebracht, aber auf meiner langen Reise habe ich andere Mittel und Wege entdeckt, mein inneres Gleichgewicht zu finden, und vor allem auch zu halten in der Flut an Erlebnissen, neuen Menschen und Erkenntnissen.

Viele meiner Eindrücke gehen trotzdem im Reisealltag unter. Ich erlebe so viel Neues, über das ich mich kurz wundere und das ich dann zwei Sekunden später schon wieder vergessen habe, weil mich der nächste Eindruck einnimmt. Manches setzt sich trotzdem fest, wie zum Beispiel das Erscheinungsbild und Auftreten der Asiatinnen. Schon in Australien fiel mir auf, dass sie meist langärmelig und mit Sonnenschirm draußen unterwegs waren. Wegen des hohen Hautkrebsrisikos dort vermutete ich, Asiaten wären einfach deutlich gesundheitsbewusster als so mancher rothäutige Europäer. Mittlerweile habe ich gelernt, dass es für die meisten Asiatinnen das absolute Schönheitsideal ist, weiße Haut zu haben. Während wir uns um unsere Figur sorgen und Hunderte von Diäten ausprobieren, testen sie Bleichmittel, um ihre Haut heller zu machen. Hier in Chiang Mai bin ich allerdings schockiert, wie weit dieser Schönheitswahn tatsächlich geht. Gestern wollte ich in einer Drogerie einen Deoroller kaufen. Nach einigem Suchen musste ich feststellen, dass der Begriff »Whitening« hier keine komische Bezeichnung dafür ist, dass der Deoroller keine weißen Spuren auf der Kleidung hinterlässt, sondern dass dieser vielmehr die Haut unter den Achseln aufhellen soll. Als ich andere Produkte bekannter Marken betrachtete, musste ich mit Entsetzen feststellen, dass es keine einzige Gesichtscreme ohne Bleichmittel gab. Selbst Sonnenmilch ist mit Whitening-Effekt versehen. Das Werbeschild dazu zeigt eine junge hübsche Asiatin mit viel zu heller Haut neben ihrem Freund, der das anscheinend sehr attraktiv findet.

Die Realität sieht leider ganz anders aus. Wenn mir auf Märkten oder in engen Gassen asiatische Frauen entgegenkommen, zeigt sich die sprichwörtliche Schattenseite dieses Modetrends. Ich sehe junge Gesichter, die heller sind als die dazugehörigen Hände, Arme und Hälse, und Frauen mittleren Alters, deren Gesichter bleich und zerfurcht sind, fast als seien sie verbrannt. Dieser Anblick ist schockierend und nicht besonders attraktiv, ein weiterer Modetrend in Extremform. Letztendlich ist unsere Gesellschaft, in der abgemagerte Frauen als Idealbild dargestellt werden, da auch nicht besser.

Südostasien –
Eine ganz andere Welt

Je stiller du bist, desto mehr kannst du hören.

Chinesisches Sprichwort

Meine nächste Station ist Laos. Auch und vielleicht gerade weil dieses Land eines der untouristischsten Länder in Südostasien ist, wollte ich es in jedem Fall in meine Route integrieren. Die Reise an die Grenze ist unkompliziert, und ich entscheide mich für eine ganz neue Art der Fortbewegung: über Wasser. Es gibt ein langsames Boot, das mich über den Mekong vom Osten nach Luang Prabang in Laos' Zentrum bringt. Der Gedanke, mich zwei Tage lang nur mit Büchern, dem Ausblick und frischer Luft zu beschäftigen, reizt mich sehr, und ich werde nicht enttäuscht.

Auf dem Longboat wurden die ursprünglichen Holzbänke durch Polstersitze ersetzt – ausrangierte Autositze, um genau zu sein. Die erste Zeit beobachte ich einfach nur die Natur, die im Schneckentempo an uns vorbeizieht. Nach einer Weile habe ich genug von Hügeln und Wäldern und verschlinge mal eben zwei Bücher.

Auch der Zwischenstopp in Pakbeng verläuft unkompliziert. Hier halten wir, als die Dämmerung einsetzt, und stellen fest, dass der Ort lediglich eine Straße mit Unterkünften und Restaurants verschiedenen Budgets aufweist. Eine günstige Unterkunft ist schnell gefunden, und da die Nacht kurz wird, weil es am nächsten Morgen früh weitergeht, verschwinde ich schnell in mein Bett. Das passt gut, denn nachts gibt es hier ohnehin keinen Strom.

In Luang Prabang angekommen, muss ich ernüchtert feststellen, dass es kein Zuckerschlecken ist, an einem Freitagabend in einer Stadt einzutrudeln, ohne eine Unterkunft gebucht zu haben – nicht einmal in einer Kleinstadt mitten in Laos. Ich laufe fast zwei Stunden mit meinem zwanzig Kilo schweren Rucksack durch die Straßen und frage nach freien Zimmern, während ich mich konstant verfluche, weil ich es immer noch nicht geschafft habe, den Minimalismus wirklich zu verinnerlichen und meinen Besitz stärker zu reduzieren. Als ich am Abend endlich ein Zimmer bei einer netten Laotin gefunden habe und meine »Gastmutter« an meine Tür klopft, um mir eine Reissuppe und Salat zu überreichen, fange ich vor Rührung und Erschöpfung über diese freundliche Geste fast an zu weinen.

Das Wochenende verläuft ruhig, vor allem weil mich nach dieser Aktion ein kräftiger Muskelkater plagt. Dazu manifestiert sich eine Erkenntnis: Ich bin eine Stadtpflanze! Luang Prabang ist ein gemütliches Fleckchen, eingebettet zwischen zwei Flüsse und umrahmt von Hügeln, Palmen und grünen Wäldern. Schön übersichtlich und gemütlich und damit für mich schon nach wenigen Tagen etwas... langweilig. Ich hab es nicht so mit Spaziergängen, ich mag es nicht besonders ruhig und ich kann mich auch nicht so richtig für Dorfbesuche im Umland begeistern. Vielleicht liegt es an der neu erweckten Unruhe in mir, die mich ständig drängt, in der wenigen Zeit, die ich noch habe, mehr zu sehen, aber ich bleibe nicht allzu lange in Luang Prabang. Nach knapp einem Tag Erkundung ist die Kleinstadt für mich ziemlich abgehakt. Es gäbe hier noch einiges zu sehen: einen Wasserfall, Höhlen mit Buddha-Statuen, Bootsfahrten auf den Flüssen und unzählige Kurse für das Färben und Weben von Stoffen. Das ist allerdings alles nicht so mein Geschmack. Ich überlege kurz, ob das langsam ignorant ist, aber ich habe in Chiang Mai beschlossen, mich nicht mehr davon beeinflussen zu lassen, was andere denken könnten. Ich mache einfach das, worauf ich Lust habe und was mir gefällt. Und deshalb geht es morgen weiter nach Vientiane. Die Hauptstadt von Laos ist ein klein wenig größer als Luang Prabang und ich erhoffe mir dort ein wenig mehr Leben. Offensichtlich brauche ich umso mehr Gewusel um mich herum, je ruhiger es in mir mit meinem selbstgewählten Alleinsein ist. Dann fühle ich mich wirklich wohl.

Gestärkt von einem leckeren Frühstück und dieser Erkenntnis, mache ich einen Verdauungsspaziergang durch Luang Prabang und laufe einfach die lange Straße entlang, die parallel zum Mekong verläuft, durch die Altstadt. Je weiter ich gehe, desto ruhiger wird es um mich herum, desto weniger Menschen treffe ich und desto vorortartiger wird es. Allerdings wundere ich mich etwas über die Architektur, denn anders als in den meisten ländlichen Gebieten gibt es in Luang Prabang noch viele Gebäude im Kolonialstil der Franzosen.

Es wirkt seltsam unzusammenhängend, wenn europäische Bauten gegenüber Flusslandschaften mit Holzhütten stehen.

Während ich so die Straßen entlangschlendere, fällt mir auf, dass ich mich an die langsame Gangart der Laoten angepasst habe. Das trifft auch im übertragenen Sinne zu. Ich habe noch nie so viele Menschen Mittagspäuschen halten sehen wie hier in Südostasien, noch nicht mal in Spanien zur Siesta. Alles geht hier sehr viel ruhiger und entspannter vor sich und Stress scheint es nicht zu geben. Selbst wenn die meisten Menschen von früh bis spät arbeiten, tun sie es in Ruhe und mit Gelassenheit. So wundere ich mich weder über schlafende Tuk-Tuk-Fahrer, die ausgestreckt auf den Sitzbänken ihrer Fahrzeuge liegen, noch über Verkäufer, die in ihren Ständen ein Nickerchen halten. Selbst an einer Baustelle beobachte ich Arbeiter, die ihrer Aufgabe fast übervorsichtig und nicht ohne Verschnaufpausen nachgehen. Nun kann man über diese Art streiten, vermutlich dauert ein Hausbau hier etwa doppelt so lange wie in europäischen Ländern, aber ich würde meine rechte Hand darauf verwetten, dass hier auch nur halb so viele Menschen an einem Herzinfarkt sterben wie in Deutschland. Da drängt sich mir die Frage auf, ob der Kommerzialismus wirklich so erstrebenswert ist. Und das, obwohl ich nach einem Monat ohne Kino und Shopping Center fast Entzugserscheinungen bekomme. Ich erkenne da eine leichte Ironie.

Eine weitere Besonderheit, die mir in den vergangenen Tagen in Laos aufgefallen ist, ist die Sperrstunde. So etwas habe ich noch nie erlebt. Nach Mitternacht darf man sich nicht mehr draußen befinden, was die

Nachtruhe bei den dünnen Wänden hierzulande doch deutlich fördert. Außerdem gibt es keine Münzen. Die kleinste Währungseinheit sind 1000-Kip-Scheine, sie sind etwa zehn Cent wert. Es ist auch die erste Währung, die ausschließlich in ihrem Land zu bekommen ist. Ich hätte weder zuvor Kip einwechseln können, noch kann ich etwas damit anfangen, wenn ich sie mit aus dem Land nehme, da sie nirgendwo zurückgetauscht werden können. Und nach einem kurzen Gefühl der Desorientierung fällt mir der deutlichste Unterschied zu den bisherigen Ländern meiner Reise auf: Es herrscht wieder Rechtsverkehr, dank der Zeit der französischen und niederländischen Besatzung hier. Nachdem ich ewig gebraucht hatte, um mich endlich an den Linksverkehr zu gewöhnen und daran, bei Straßenüberquerungen in die andere Richtung zu blicken, stehe ich nun da wie ein Wackeldackel und weiß nicht mehr, wohin ich zuerst schauen soll.

In Vientiane wird es nicht viel besser, was das Erleben und Erobern angeht. Nach zwei Tagen habe ich immer noch nichts Interessantes entdeckt. Ich hatte keine hohen Erwartungen und bin sogar noch unterboten worden. Die Stadt ist verrußt und vollgestopft mit Computer- und Technikfachgeschäften und es gibt mehr Bankhochhäuser als Wohngebiete. Das ergibt keinen Sinn für mich. Je mehr ich darüber nachdenke, desto weniger verstehe ich, wie die Wirtschaft hier in Südostasien funktioniert. Laos gilt als eines der ärmsten Länder der Welt, aber dennoch fahren hier genauso viele Neuwagen durch die Straßen wie in Deutschland. In Indonesien ist Betteln gängig, hier habe ich noch keinen einzigen bettelnden Menschen gesehen. Sind die

Abstände zwischen Arm und Reich hier sehr extrem, und ist Armut vielleicht nur auf dem Land sichtbar, nicht aber in den Städten? Sind Laoten zu stolz, um zu betteln, oder gehört sich das vielleicht einfach nicht? Diese Fragen beschäftigen mich, und ich habe niemandem, dem ich sie stellen könnte.

In einem Land, in dem Mönche jeden Morgen aufgereiht wie Orgelpfeifen Almosen von ihren Mitmenschen empfangen, scheint das Verhältnis zur Armut anders zu sein, als ich es kenne. Ich schäme mich ein wenig, dass ich mich so schlecht auskenne und noch immer so vorgefertigte Meinungen in mir trage, statt neue Eindrücke einfach auf mich wirken zu lassen.

Während der Busfahrt von Luang Prabang nach Vientiane kamen wir immer wieder an kleinen Siedlungen in den Bergen vorbei, die an der einzigen Straße weit und breit lagen. Die Menschen leben dort mit Wasserhähnen, die aus der Erde ragen, die als Dusche und Möglichkeit zum Wäschewaschen dienen, in Holzhütten mit Dächern aus Reisig. Kinder toben, spielen und lachen, die Mütter sitzen daneben und teilen kleine Scherze und Geschichten, die Väter werkeln und ruhen um die Ecke. Bei diesem Anblick komme ich mir mit meinen Problemen lächerlich vor. Meine Generation ist in der westlichen Welt reich – reich an Möglichkeiten, reich an Ausbildung und reich an Gründen zum Beschweren, die niemals ausgehen. Nichts ist uns gut genug.

Ich bewegte mich im »Land des Lächelns« und traf auf viele freundliche Gesichter und zuvorkommende Menschen. In meiner wohlhabenden Heimat sind sogar Sozialhilfeempfänger um Längen reicher als ein Normalbürger hierzulande, und trotzdem begegnen sich die Menschen auf der Straße in den seltensten Fällen mit einem Lächeln. Diese Gedanken lassen mich demütig werden. Ich empfinde das allerdings als eine bereichernde Lektion. Es kann nicht schaden, auf den Boden der Tatsachen geholt zu werden und gezeigt zu bekommen, dass Geld nicht automatisch glücklich macht. Ich sehe lachende Kinder in den Dörfern hier und erinnere mich an Kinder an den Kassen der Supermärkte zu Hause, die nörgelnd und schreiend auf dem Boden liegen, weil sie keinen Schokoriegel bekommen. Auch in Deutschland ist nicht alles rosarot und es gibt überall Not und Unglück, aber ich stelle ganz deutlich fest, wie wenig wir unser Glück zu schätzen wissen, an einer Stelle des Erdballs geboren zu sein, an dem einem alle Türen offenstehen.

In Savannaketh, dem nächsten Stopp in Richtung Süden, wandelt sich dieses Bild wieder. Tatsächlich fühle ich mich hier nicht nur wie ein Reklameschild, weil ich auffalle und Blicke auf mich ziehe, sondern auch wie jemand, der in das Leben anderer eindringt. Als ich durch die Straßen laufe, fühle ich mich wie ein Voyeur – hier gibt es anscheinend keinen Tourismus. Die Stadt weist noch einen Hauch des Glanzes der französischen Kolonialarchitektur auf, aber er ist unter Ruß und Schmutz verborgen. Die Hälfte der Häuser ist verfallen, und ich habe seit langem wieder das Gefühl, hier nicht im Dunkeln allein in den Straßen sein zu wollen.

Um die Mittagszeit wirkt die Stadt noch verlassener und einsamer als ohnehin schon. Ganz selten fährt ein Motorroller oder ein Auto die Straßen entlang, an manchen Ecken sitzen Einwohner zusammen und unterhalten sich. Die Geschäfte sind verschlossen und die Rollläden herabgelassen. Wenn ich es nicht besser wüsste, würde ich denken, es wäre Sonntag – aber es ist Montag. Selten habe ich mich so unwohl dabei gefühlt, Fotos zu machen von einer Stadt. Verschämt versuche ich einige Schnappschüsse zu ergattern, wenn niemand hinsieht. Ich bin froh, bereits am nächsten Tag nach Pakse weiterreisen zu können.

Diese neue Art der Abgeschiedenheit macht mir Probleme und lässt mein Kopfkino rotieren. Auf der Fahrt von Luang Prabang nach Vientiane, als der Bus auf einem schmalen Sträßchen zwischen Abgrund und Felsenwand durch das Gebirge zuckelte, beunruhigte mich weniger Sorge wegen der Absturzgefahr, sondern vielmehr der Gedanke an einen medizinischen Notfall. Ich hatte ein wenig Bauchschmerzen, was vermutlich an der Packung Chips lag, die ich gefuttert hatte. Wie sich das für eine Krankenschwester gehört, denkt mein Hypochonder-Ich gleich an eine Blinddarmentzündung. Viel schlimmer als die Bauchschmerzen war aber die quälende Frage dahinter: Wenn ich nun tatsächlich eine Blinddarmentzündung hätte, würde ich einen eigentlich unspektakulären Notfall hier draußen überleben?

Nun kommt Teil zwei der Hypochondrie: Am Nachmittag bekomme ich plötzlich leichte Sehstörungen, Kopfschmerzen und Schwindel, was vermutlich an einem leichten Sonnenstich liegt. Was macht die verantwortungsbewusste Krankenschwester? Sucht nach Schmerzmedikamenten in ihrer bestens ausgestatteten Reiseapotheke, trinkt erst mal einen Liter Wasser und legt sich brav hin – nicht ohne alle fünf Minuten ihre Stirn nach Fieberzeichen abzutasten und darüber nachzudenken, wo im Notfall (Malaria? Dengue-Fieber?) das nächste Krankenhaus ist. Die Antwort auf diese Frage lässt den nächsten Schwall Angstschweiß ausbrechen. Eine halbe Stunde und viele Horrorszenarien später verschwinden sämtliche Symptome, und zurück bleibt der Gedanke, diesen Vorfall totzuschweigen. Trotzdem frage ich mich schon allein aus Neugier, wie die medizinische Versorgung in Laos funktioniert.

Auf dem Weg zum Abendessen begegne ich einem kanadischen Ehepaar, das ich bereits auf der Bootsfahrt nach Luang Prabang kennengelernt habe. Nach einem ausgiebigen Gespräch mit ihnen wird mir bewusst, dass ich dringend wieder Gesellschaft brauche. Die letzten Wochen habe ich komplett allein verbracht und dabei teils tagelang nur in Ein-Wort-Sätzen kommuniziert, wenn überhaupt. Das stört mich eigentlich gar nicht, aber ich frage mich gleichzeitig, ob mich das nicht langsam zum Sonderling macht oder mich langfristig vielleicht unsozial werden lässt. Ob ich es will oder nicht, ich stelle mir heimlich die Frage, was meine Freunde zu Hause sagen, wenn ich davon erzähle.

Nicht nur meine Kontakte hier auf Reisen haben sich stark reduziert. Auch meine Freunde und Bekannten zu Hause sind weniger geworden. Zu Beginn meiner Reise hatte ich einen Pakt mit mir geschlossen, der beinhaltete, nur noch die Freundschaften zu pflegen, die mir wirklich etwas bedeuten. Ich wollte keine Bekanntschaften mehr nur aus sozialem Zwang und Pflichtgefühl aufrechterhalten. Arbeitskollegen. Freunde von Freunden. Bekannte von Freunden. Und ich wollte auch nicht mehr die einzige treibende Kraft in Beziehungen sein. Australien war so etwas wie ein Test. Menschen, die mich wirklich in ihrem Leben haben möchten, würden mir das auch über die Distanz zeigen und sich ebenso bemühen wie ich. Das Ergebnis war manchmal ernüchternd, aber es hat mir geholfen herauszufinden, auf welche Menschen ich wirklich zählen kann. Diese Fragen habe ich mir im Alltag nie gestellt.

Mein Vorsatz, mich wieder mehr unter Menschen zu begeben, um nicht völlig seltsam zu werden, passt gut dazu, dass mich ein Freund aus Deutschland auf meiner Reise durch Kambodscha begleiten möchte. Darauf freue ich mich sehr, denn anders als bei Reisebekanntschaften, bei denen man oft nicht weiß, wie gut man auf längere Zeit mit ihnen auskommt, kenne ich Martin schon seit Jahren. Alleinreisen hat definitiv seine Vorteile, aber auch die nutzen sich nach einer Weile ab, und man vermisst das, was man gerade nicht hat: Gesellschaft, Gespräche und den Austausch darüber, was man gerade gesehen oder erlebt hat.

Außerdem ist mir seit dem Gespräch mit den Kanadiern klar geworden, dass ich für ein Lächeln oder ein paar freundliche Worte mittlerweile fast jedem Fremden um den Hals fallen würde. Auch wenn ich mir mittlerweile sicher bin, dass das Ignoriertwerden von den Einheimischen hier nicht böse oder abwertend gemeint ist, sondern eher auf die Scheu der Laoten zurückgeht, weil sie schlecht Englisch sprechen, geht es mir nach einer Weile an die Nieren. Ich habe mich schon dabei erwischt, wie ich mein Spiegelbild im Schaufenster beobachtet habe, um sicherzugehen, dass ich nicht unsichtbar geworden bin. Am Tag zuvor habe ich meinen persönlichen Höhepunkt des laotischen Desinteresses erlebt. Beim Geldwechseln hat es die Rezeptionistin in einem Hotel geschafft, den kompletten Vorgang abzuschließen, ohne mich einmal anzuschauen oder einen Ton von sich zu geben. Es war nett, Sie nicht kennengelernt zu haben!

Bevor es nach Kambodscha geht, lande ich noch auf den Viertausend Inseln. Laos' Südzipfel ist zerfurcht von Flussästen und so zu seinem Namen gekommen. In einem kleinen Ort gibt es einfache Holzhütten und kleine Bungalows. Ich lasse mich in einem von ihnen für ein paar Tage nieder und genieße die Stimmung. Es herrscht völlige Entspanntheit, und meine einzige Aufgabe besteht darin, mit dem Fahrrad die umliegenden Felder mit Bananenpalmen und die vielen Brücken zu erkunden. Dabei habe ich mich ertappt, wie ich an einer weiten Wiese Ausschau nach Kängurus gehalten habe. Australien hat definitiv nachhaltigen Eindruck hinterlassen.

Nach ein paar Tagen liege ich tiefenentspannt in der Hängematte auf der Veranda meines Bungalows und blicke auf den Mekong im Licht der untergehenden Sonne. Meine Haut hat eine frische Schicht Bräune abbekommen und in meinem Gesicht strahlt wieder das Dauergrinsen einer zufriedenen Reisenden. Mein Busticket nach Kambodscha ist für den nächsten Tag gebucht, und auch wenn ich nun erst mal genug habe von laotischem Wald, Wiesen und Natur, wird mir dieser Ort neben Luang Prabang in bester Erinnerung bleiben. Es geht gar nicht so sehr darum, etwas zu erleben oder zu sehen, stelle ich fest. Meine innere Stimme drängt nicht auf Sehenswürdigkeiten, sondern auf Momente, die ich durch und durch genieße.

Phnom Penh hat eine eigenartige Dynamik. In den frühen Morgenstunden beginnt ein buntes Treiben auf den Straßen: Motorroller und Autos konkurrieren mit Ständen und Fußgängern um den Platz auf den Straßen. Als Einzelner bewegt man sich relativ langsam und möglichst ohne hastige Bewegungen, wodurch dann ein gleichmäßiger, nie stoppender Fluss entsteht.

Wenn ich nach neun Uhr abends durch die Straßen wandere, kann ich zusehen, wie es ruhiger wird, und nach zehn Uhr verwandelt sich Phnom Penh in eine Geisterstadt, ganz im Gegensatz zu dem ununterbrochenen Gewusel, das ich aus Bangkok gewohnt war. Die Bürgersteige sind plötzlich leer, die Straßen völlig vereinsamt und die Lichter ausgeschaltet. So finde ich mich in ausgestorbenen, völlig finsteren Straßen wieder und hoffe jedes Mal, möglichst schnell wieder im Guesthouse anzukommen.

Ich kämpfe mit leichten Anpassungsschwierigkeiten und erkenne, dass Laos eine Art entspanntes Thailand ist. Kambodscha wirkt deutlich anders, auch wenn ich noch nicht greifen kann, inwiefern. Es wirkt irgendwie asiatischer …

Mittlerweile habe ich auch Martin getroffen. Ich habe ihn bereits vorgewarnt, dass ich nicht sicher bin, ob ich volle drei Wochen in Gesellschaft verbringen möchte. Er sieht das zum Glück relativ entspannt. So freue ich mich auf die Begleitung, und den ersten gemeinsamen Nachmittag verbringen wir damit, das verpasste Jahr aufzuholen und wuselige Straßen zu durchstreifen. Für den nächsten Tag stehen gleich zwei Sehenswürdigkeiten auf dem Plan. Da Martin nur drei Wochen Urlaub hat, ist mein Alltag nun wieder deutlich durchgetakteter als während des entspannten Treibenlassens der vergangenen Wochen. Hier in Kambodscha gibt es allerdings auch deutlich mehr Geschichte und Orte, die ich gerne sehen möchte. Zunächst besuchen wir das Genozid-Museum S21 und nehmen uns vor, anschließend den königlichen Palast mit der silbernen Pagode zu besichtigen. Vor allem das Museum hinterlässt einen bleibenden Eindruck, den wir so schnell nicht mehr abschütteln können.

Das Toul-Sleng-Genozidmuseum, das in Anlehnung an das ehemalige Gefängnis der Roten Khmer auch S21 genannt wird, war vor nicht allzu langer Zeit noch eine Highschool. Die kommunistischen Roten Khmer marschierten 1975 in Phnom Penh ein und übernahmen die Regierung, allen voran ihr Anführer Pol Pot. Was die Kambodschaner anfangs noch bejubelten und als Befreiung von Einflüssen aus Amerika und Vietnam ansahen, wurde wenig später zu einem der schlimmsten Massenmorde der Geschichte. Die grausame Führung verbot Bildung und übernahm die Kontrolle über Kambodschas Währung, weil sie das Land mit Gewalt in einen Agrarkommunismus überführen wollte. Toul Sleng und über neunzig weitere Schulen wurden zu Folterinstitutionen gemacht, in denen hauptsächlich Intellektuelle wie Ärzte oder Wissenschaftler eingesperrt, zu absurden Geständnissen gefoltert und mit dem Tod bestraft wurden. In kleinsten Zellen, die mit Ziegelsteinen in ehemaligen Klassenzimmern gebaut wurden, verbrachten sie teilweise Wochen unter Folter, bis sie grausam getötet wurden oder bei Verhören starben.

Der Weg durchs Museum führt uns zuerst durch ehemalige Klassenräume, in denen meist nur ein Gitterbett und ein Schreibtisch stehen. Viel mehr brauchte man für Folter und Verhöre nicht. Teilweise liegen auf den Stahlmatratzen ein paar übriggebliebene Folterinstrumente. Im nächsten Gebäude sind unzählige Fotos von Gefangenen ausgestellt. Sie tragen Schilder um den Hals mit Nummern darauf und blicken teils erwartungsvoll, teils angespannt, teils gleichgültig drein. Im letzten der Gebäude sind weitere Fotowände aufgestellt, diesmal zeigen die Bilder von Folter geschundene Gesichter, die nur noch verzweifelt und hoffnungslos wirken. Dann bekommen wir einen Eindruck davon, wie das Leben in den Zellen gewesen sein muss. Wir sehen weniger als zwei Quadratmeter kleine Flächen, die von schlampig hochgezogenen Ziegelwänden begrenzet werden. In den winzigen Zellen befindet sich nichts außer Ketten am Boden und manchmal einer Eisenkiste, in die sich die Gefangenen erleichtern konnten. Viele der Insassen hatten nicht einmal genug Platz, um sich ausgestreckt hinlegen zu können, in manchen Abschnitten gibt es keine Türen, sie sind unnötig wegen der Ketten am Boden. Ich muss den Blick immer wieder heben, um die Wände des Raumes zu sehen und mir vor Augen zu halten, dass dies einmal ein ganz normales Klassenzimmer war. Als ich in einer dieser kleinen Zellen stehe, kommt Panik in mir auf.

Wir gehen weiter und in meinem Hals bildet sich ein großer Kloß aus Trauer, Wut und Hilflosigkeit. Der Besuch hier hat eine ähnliche Wirkung auf mich wie die Besuche von Konzentrationslagern in Europa. Allerdings ist die Wunde hier noch viel frischer, die Geschichte jünger. Ein weiteres Mal fällt mir auf, wie wenig ich eigentlich über die Geschichte der Länder weiß, die ich bereise.

In der Schule hat mich Geschichte nie besonders interessiert, sie war graue Theorie in noch graueren Büchern. Die historischen Ereignisse waren weit weg und mit gesichtslosen Namen versehen. Hier trifft mich die Realität. Geschichte wird zu etwas, das ich sehen und begreifen kann. Und sie hinterlässt Eindrücke und Gefühle, die ich nicht mehr vergessen werde. Ähnlich wie im Geschichtsmuseum in Adelaide, das sich der Geschichte der Aborigines und der Stolen Generation bebildert widmete, merke ich wieder, wie das Reisen meinen Sinn für Geschichte erschlossen hat. Es ist wie immer im Leben: Nur wenn ein Erlebnis Gefühle in uns hervorgerufen hat, bleibt es uns wirklich im Gedächtnis.

Es fällt mir schwer, nach Verlassen des S21-Geländes wieder frei zu atmen und dieses bedrückende Gefühl und den flauen Magen loszuwerden. Eigentlich wollten wir auch die Killing Fields besichtigen, was wir nun von unserer Liste streichen. Die Entscheidung fiel mir nicht leicht, denn ich möchte diese Sehenswürdigkeit nicht wie eine ganz normale Attraktion behandeln und trotzdem zeigen, dass all das nicht in Vergessenheit versinken darf.

Nach zwei Tagen brechen wir in Phnom Penh auf. Eine Ruinenstätte, die noch älter ist als Angkor Wat, steht als Nächstes auf unserer Sightseeing-Liste. Kampong Thom, der Ort, der ihr am nächsten liegt, ist nicht besonders sehenswert, dafür ist das Gelände der Ruinenstätte Sambor Prei Kuk wirklich beeindruckend. Da die meisten Touristen einfach von Phnom Penh nach Siem Reap durchbrausen, ohne diesem Ort große Aufmerksamkeit zu widmen, freue ich mich umso mehr, dass wir diesen Stopp mitgenommen haben.

Nach einer knappen Stunde Fahrt durch Niemands-land mit dem Tuk Tuk kommen wir an den Ruinen mitten im Wald an. Sofort werden wir von einem Tour-guide empfangen, der uns deutlich, aber zurückhaltend darauf hinweist, dass es ratsam für uns wäre, ihn auf unserem Spaziergang durch die Ruinen dabeizuhaben. Er hat vollkommen Recht.

Die Tempel sind einander in Machart und Aussehen relativ ähnlich, und doch weiß unser junger Guide immer Neues darüber zu berichten, so bleibt die Tour die gesamte Zeit über interessant. Wir erfahren sehr viel mehr von ihm als Tempelkunde: Von Bildung über Götter im buddhistischen und hinduistischen Glauben bis hin zu seinem eigenen Leben ist er sehr motiviert, all unsere Fragen zu beantworten. Wir werden immer mutiger und fragen ihn aus. Seine Familie lebt seit Generationen vom Reisanbau. Er war sehr unglücklich damit, nach der Grundschule in diese Fußstapfen treten zu müssen, und kämpfte lange darum, eine höhere Schule besuchen zu dürfen, um »Computer und Englisch« zu studieren. Die Gebühr beträgt tausend US-Dollar im Jahr, womit Leuten aus ärmeren Familien ein Studium so gut wie unmöglich gemacht wird. Nun hat er nach der weiterführenden Schule diesen Job als Tour-guide angenommen und spart darauf, irgendwann nach Phnom Pen ziehen zu können.

Außer ihm begleitet uns ein kleiner Junge und zwischenzeitlich auch ein kleines Mädchen auf unserer

Tour, die kaum von unserer Seite weichen, aber nie aufdringlich sind. Wirft man den beiden einen Blick zu, strahlen sie einen an, und ein paarmal bieten sie uns einen der Schals zum Kauf an, die sie mit sich herumtragen. Während wir die Tempel besichtigen, warten sie geduldig auf einem Baumstamm und gesellen sich wieder zu uns, wenn wir weiterziehen. Das Mädchen gibt nach einer Weile auf, doch der kleine Junge ist unser treuer Begleiter für den gesamten Weg. Er scheint nicht nur zu hoffen, uns etwas verkaufen zu können, auch die Neugier lässt ihn nicht von unserer Seite weichen. Auch auf dem Weg zurück in die Stadt lachen und winken uns Kinder von ihren Häusern oder Fahrrädern aus zu und sind völlig begeistert, wenn wir zurückwinken. Das Klischee scheint sich schon in den wenigen Tagen hier zu bestätigen: Die Kambodschaner sind ein sehr freundliches Volk und wirken in ihrer Begeisterung über uns echter als irgendwer anders in den vergangenen Monaten.

Siem Reap und Angkor Wat

Neben Siem Reap, der ersten stark touristischen Stadt Kambodschas, die wir besuchen, hinterlässt ein Abend mit Dr. Beat Richner einen sehr starken Eindruck bei mir: Schon zu Beginn meiner Reise habe ich von diesem außergewöhnlichen Kinderarzt gehört, der 1992 die Schweiz verlassen hat, um in Phnom Penh das Kantha-Bopha-Kinderhospital wiederaufzubauen. Mittlerweile hat er nicht nur vier Kliniken in Phnom Penh und Siem Reap aufgebaut, sondern in den vergangenen zwanzig

Jahren auch Millionen von Kindern behandelt. Mittlerweile sind es täglich durchschnittlich 3500 und nicht ein einziges wird abgewiesen. Oft werden sie hier, im einzigen korruptionsfreien und kostenlosen Behandlungszentrum des Landes, vor dem sicheren Tod durch Dengue-Fieber, Tuberkulose oder Brandverletzungen gerettet.

Jeden Samstagabend gibt Dr. Richner ein Konzert. Eine Mischung aus Bach-Kompositionen, die er auf dem Cello darbietet, was er als seine eigene Therapie bezeichnet, und kurzen Vorträgen, in denen er über die Entstehung und Entwicklung der Kliniken erzählt. Außerdem vermittelt er Hintergründe zu Leben und Geschichte in Kambodscha, bevor ein Film über den Aufbau und die Angestellten der Kliniken gezeigt wird.

Dabei bleibt er stets sachlich und erzählt ohne Bitterkeit, aber doch mit einer Spur von Enttäuschung über die Nichtbeteiligung der Regierungen an der Finanzierung der Kliniken. Letztendlich werden 90 Prozent aller Kosten durch private Spenden abgedeckt. Allein fünf Millionen Schweizer Franken bringen seine kostenlosen Samstagabend-Konzerte jedes Jahr ein und ich glaube es ihm sofort. So offen und ehrlich, wie er das gesamte Projekt vorstellt, kann man nicht anders, als ein gutes Gefühl zu haben, wenn man beim Gehen seine Dollars in die silbernen Opferschalen legt.

Wenige Tage später steht endlich Angkor Wat auf unserem Reiseplan. Darauf habe ich mich tagelang gefreut. Ausgestattet mit Sonnenmilch, Sonnenhut, angemessener Tempelkleidung und Massen an Wasserflaschen geht es mit dem geliehenen Fahrrad die knapp sechs Kilometer zum Ticketschalter der Tempel. Aufgeregt lasse ich die

Ausstellung eines Drei-Tage-Tickets über mich ergehen, bis ich mich endlich auf das Fahrrad schwingen und zum ersten und bekanntesten Tempel aufmachen kann. Martin und ich haben beschlossen, die Tage hier getrennt zu verbringen. Ich hatte das Gefühl, diese Erfahrung allein machen zu müssen. Das Gefühl, mich nach jemandem umdrehen zu wollen, mit dem ich meine Erlebnisse teilen kann, hat sich dazu gewandelt, dass ich ganz für mich sein will, wenn mich etwas von Grund auf einnimmt. Ich möchte dann hundert Prozent meiner Aufmerksamkeit darauf konzentrieren und selbst bestimmen können, wie lange ich an einer Ecke verweile. Als ich am Anfang meiner Tour über einen Steg laufe, der über einen Wassergraben führt, und in einer Masse an Touristen untergehe, verlässt mich die Begeisterung kurzzeitig, und ich vergesse, an welchem mythischen, heiligen Ort ich mich befinde. Deshalb seile ich mich schnell vom Strom ab und pirsche mich von außen nach innen heran.

Ich schreite durch wunderschöne Gänge mit beeindruckenden Verzierungen an Wänden und Säulen und in jeder noch so kleinen Ecke. Manche sind kaum noch zu erkennen, andere sehr gut erhalten und teilweise restauriert. Ich kann mich kaum sattsehen, und statt den Tempel in der Mitte zu besuchen, auf dessen Treppe eine lange Touristenschlange in der prallen Mittagssonne verharrt, begnüge ich mich damit, ausführlich die Außenringe zu erkunden. Ich laufe an den hohen Wänden vorbei und streiche mit den Fingerspitzen über das Gemäuer. Es ist, als würde ich dieses Gebäude mit allen Sinnen einsaugen, und das altbekannte zufriedene Lächeln macht sich wieder auf meinem Gesicht breit. An Orten wie diesem, in Momenten, die ich allein genieße, fühle ich mich wirklich lebendig und glücklich.

Nach diesem faszinierenden ersten Eindruck mache ich mich auf den Weg zu den unzähligen Tempeln, die auf gut 300 Hektar Land verstreut liegen. Von Banteay Kdei, bei dem in den Wandverzierungen überall Tänzerinnen eingearbeitet sind, radele ich weiter zu Ta Prohm, dem Dschungeltempel, der seine zweifelhafte Berühmtheit durch Angelina Jolie gewann. *Tomb Raider* wurde hier gedreht, und ich frage mich beim Durchlaufen, wie viel Geld wohl geflossen sein muss, damit Angelina hier halb nackt herumspringen durfte. Die meisten Leute halten sich an die Tafeln am Eingang, die klar zeigen, dass man sich bedeckt halten soll, manche nicht. Es macht mich wütend, dass es so viele Touristen gibt, die Orten wie diesem begegnen, als seien sie ein Hollywood-Themenpark, und keinen Gedanken daran verschwenden, dass sie diese Kleidung auch kaum in einer Kirche tragen würden. Für diese Leute ist Angkor Wat nur eine weitere Attraktion auf ihrer Reise, nicht aber ein Heiligtum, das den Menschen hier sehr viel bedeutet. Das erinnert mich wieder an die Besteigung des Uluru und die Diskussion darum. Letztendlich tun mir diese Menschen auch irgendwie leid. Sie fliegen nach Siem Reap, verbringen einen Tag in Angkor Wat und fliegen wieder nach Hause, ohne das Land und seine Menschen wirklich kennengelernt zu haben. Und ihnen ist nicht einmal bewusst, was sie alles verpassen.

Trotz der Menschenmenge bei Ta Prohm, dem sogenannten Dschungeltempel, der vollständig von Baumwurzeln überwuchert ist, finde ich auch hier nach einer Weile ruhige Ecken und kann ein paar Bilder ohne Touristen vor der Linse schießen. Irgendwann stoße ich sogar auf einen verlassenen kleinen Innenhof, der umringt ist von kleinen Ruinenbergen und den Baumwurzeln, die diesen Tempel verschlingen. Hier hat man nichts an den Natureinflüssen verändert und die Bäume, die die Wände und Mauern überwuchern, einfach wachsen lassen. So verfällt dieser Tempel zwar mehr und mehr, er vermittelt aber auch einen sehr guten Eindruck davon, wie es hier überall ausgesehen haben muss, als die Tempel wiederentdeckt wurden. Schließlich senkt sich langsam die Sonne, und meine schmerzenden Füße überzeugen mich, den Rückweg anzutreten.

Auch am folgenden Tag lässt der Strom der Eindrücke nicht nach. Kurz vor dem geplanten Beginn meiner Tagesrunde steht ein kleiner, unscheinbarer Tempel, der eine kleine Mutprobe als Wegzoll zum Bayon-Tempel von mir fordert. Es ist, als ob er meinen Namen rufen würde. Auch wenn er gut einsehbar an einem Touristenpfad steht, hat niemand Interesse an ihm, denn ich bin hier ganz allein. Um den imponierenden Tempelkomplex herum führen etwa fünfzig Stufen hinauf zum Inneren. Wie unser Tourguide uns erklärt hat, haben Tempel meist vier Tore, von denen nur das östliche offen ist, um den Sonnenaufgang und das Glück hereinzulassen. Ein Aufstieg zum Glück – diese Herausforderung nehme ich an und beginne in der prallen Mittagshitze, den Tempel zu erklimmen. Böser Fehler. Schon nach etwa fünf Stufen werden diese immer abgerundeter und kürzer, bleiben aber gleich hoch. Nach zehn Stufen fange ich an zu schwitzen und ein leichtes Zittern zu spüren. Das hat allerdings weniger mit der Hitze zu tun als vielmehr mit meiner Höhenangst, die ich zwar mit Indoor-Klettern in den Griff bekommen hatte, die nun aber nach mehreren Jahren des Aussetzens wieder voll da ist. Egal, jetzt will ich es wissen. Stur kraxele ich weiter, um nach einer gefühlten Ewigkeit zitternd im Eingang des Tempels zu stehen, der lediglich einen verkümmerten, eingestaubten Buddha enthält. In diesem Moment ist mir das relativ egal. Der Stolz, mich überwunden zu haben, und der Ausblick auf das gesamte Gelände entschädigen mich für alles. Als die Euphorie allerdings nachlässt und ich dem Rückweg entgegenblicke, zucke ich zusammen. Ich hatte überhaupt nicht bedacht, dass der Aufstieg das kleinere Problem an der Sache ist. Wahrscheinlich gebe ich einen erbärmlichen Anblick ab, als ich »Du schaffst das schon!« murmelnd die Stufen herabkrieche. Da sich sowieso keiner für diesen Tempel interessiert, fällt es auch nicht auf, als ich klatschnass geschwitzt und mit Spinnweben behangen unten ankomme und fast den Boden küsse. Wie schnell doch ein kleiner, relativ unbedeutender Tempel in Angkor zu einer bleibenden Erinnerung werden kann.

Nach drei Tagen voller unglaublicher Anblicke, unzähliger Fotos und vieler Momente, die mir vor Begeisterung den Mund offen stehen lassen, steige ich in den Bus nach Sihanoukville, einem vermeintlichen Strand- und Meeresparadies. Ich reise wieder allein, nachdem ich schon in Angkor Wat gemerkt habe, wie sehr ich es vermisst habe. Es war schwer, Martin zu erklären, warum ich gerne wieder getrennte Reiserouten nehmen würde, und ich bin auch nicht sicher, ob er es verstanden hat. Aber ich lerne mehr und mehr, nicht darauf angewiesen zu sein, ob mich jemand anderes versteht, solange ich selbst es tue. Allerdings hinterlässt der Abschied von Martin trotzdem ein schlechtes Gewissen und die Sorge, langsam unsozial zu werden.

Vorgewarnt von sämtlichen Reiseführern, dass Sihanoukville nicht mehr ganz das unentdeckte Paradies ist, das es einmal war, bereite ich mich auf eine erneute Koh-Lipe-Erfahrung vor. Die Busfahrt bietet schon mal einen Vorgeschmack: Sie ist ein Albtraum. Nicht nur, dass die Klimaanlage auf Minusgrade eingestellt ist und die Videoanlage besonders quälende kambodschanische Musikvideos abspielt, der Bus hat eine ganz besondere Zugabe: An der Decke leuchten entlang des Ganges kleine bunte Discolichter, die im Takt der Musik blinken. Als wäre das noch nicht Partystimmung genug, wird irgendwann der Bass so stark aufgedreht, dass mein Sitz ebenfalls im Takt vibrierte.

Sihanoukville

In Sihanoukville angekommen, habe ich etwa fünf Minuten Zeit zum Aufatmen. So lange dauert es, bis ich an dem Hotel ankomme, wo ich plane einzuchecken. Die Stadt macht abends um halb zehn generell schon keinen besonders guten Eindruck, das Wort »Rotlichtviertel« schießt mir mehr als einmal durch den Kopf. Als ich in der Hotelhalle ankomme, die eher wirkt wie eine Bar für tätowierte, biertrinkende, haarige Monster, und dort hauptsächlich alleinreisende, in die Jahre gekommene Männer antreffe, gehe ich schon davon aus, dass ich am nächsten Tag umziehen werde. So weit kommt es allerdings gar nicht erst.

Im ersten Zimmer, in das mich das junge Kerlchen

von der Rezeption führt, muss ich ihn darauf hinweisen, dass a) eine kleine Lampe am Bett brennt, b) über dem Stuhl Kleidung und Rucksack eines Mannes hängen und c) dieser Mann den Geräuschen nach zu urteilen vermutlich gerade unter der Dusche steht. Erstaunt sieht er mich an und nuschelt etwas von vertauschten Schlüsseln. Ich warte also brav vor dem Zimmer, bis er mit dem nächsten Schlüssel zurückkommt, ständig im Kampf mit seiner rutschenden Baggy-Jeans, und mich in das nächste bewohnte Zimmer bringt. Gleiches Spiel, neue Antwort: »Oh. Hm. Hotel full.«

Nun ist meine Laune gänzlich hinüber und die nächsten zehn Tuk-Tuk-Fahrer, die mich anquatschen, als ich voll bepackt auf der Suche nach einem neuen Hotel durch die Straßen schwanke, werden nur knapp von Blitzen aus meinen Augen verfehlt. An der nächsten Unterkunft auf meiner Liste angekommen, muss ich leider feststellen, dass dieses als so herzlich beschriebene Guesthouse schon komplett dunkel dasteht. Ich suche nach einer Klingel und stellte fest, dass die Tür offen ist. In einer dunklen Eingangshalle, die vollgestellt ist mit abgedeckten Stühlen, suche ich nach der Rezeption, als eine Stimme aus dem Dunkel zu mir spricht. Fast muss ich lachen, so absurd kommt mir diese Situation vor. Die Dame des Hauses nächtigt offenbar in einer selbstgebauten Höhle auf dem Boden unter einem Fliegennetz und zusammengeschobenen Stühlen. Als sie daraus hervorgekrabbelt ist, bietet sie mir ein Einzelzimmer an. Es ist nicht besonders günstig, aber mit einem schlechten Gewissen, weil ich sie geweckt habe, nehme ich es ungesehen an. Ich will mittlerweile nur noch ein Bett. Und das bekomme ich auch. Nach über einem Jahr auf Reisen durch Australien und Südostasien muss ich mich zum ersten Mal der Furcht stellen, die alle Backpacker jagt: Bettwanzen. Wenn ich je in Gefahr war, diese kleinen Biester abzubekommen, dann hier in diesem löchrigen, muffigen Bett. Ich bin zu resigniert, um mich nochmal umzuentscheiden, und so bastele ich mir zumindest eine Höhle aus meinem Fliegennetz.

Am nächsten Morgen kann ich gar nicht schnell genug aus dem Hotel flüchten und mache mich schon um halb neun mit einem Tuk Tuk auf den Weg zur Meerseite des Ortes, wo ich mir eine neue Unterkunft suche. Hier sind die Betten teurer und die Zimmer freundlicher. Der Anblick, der mich anschließend erwartet, macht sofort alle Strapazen wett. Nach einer gefühlten Ewigkeit, was höchstens eineinhalb Monate gewesen sein können, bin ich nun endlich wieder am Meer. Trotz des Massentourismus, der mich hier wie erwartet umgibt, kann ich mir das Grinsen nur schwer vom Gesicht wischen. Warum sollte ich auch.

Die folgenden Tage faulenze ich die meiste Zeit und versuche weiterhin verzweifelt, dem kambodschanischen Essen etwas abzugewinnen. Leider ohne Erfolg. Dann geht es mit dem Bus zurück nach Phnom Penh. Auch etwas, dem ich nicht unbedingt mit Aufregung entgegenblicke. Die Stadt ist für mich in etwa so attraktiv wie das kambodschanische Essen. Dafür blicke ich dem Flug nach Bangkok am Mittwoch schon sehnsüchtig entgegen. Ich kann es kaum erwarten, wieder in den kleinen Gassen umherzustreifen und zum Frühstück meinen geliebten Sticky Rice mit Mango zu genießen. Wer hätte gedacht, dass sich gerade Thailand in mein Herz schleicht?

Gleichzeitig bedeutet Bangkok allerdings meinen letzten Stopp vor dem Rückflug nach Deutschland. Mit sehr gemischten Gefühlen blicke ich diesem Tag entgegen.

Ein großer Teil von mir freut sich auf all die Menschen, die mich dort erwarten, auf mehrlagiges Toilettenpapier und Käse, so weit das Auge reicht. Allerdings wechselt sich diese Gefühlslage mit der blanken Panik darüber ab, wie meine Zukunft aussehen soll und dass meine Reise ganz offiziell zu Ende ist. Rückblickend gab es viele Momente, in denen ich es verflucht habe, auf Reisen zu sein. Als ich einfach keinen Job gefunden oder mit dem Warten auf Arbeit Tage verschwendet habe. Jedes Mal, wenn Busse, Bahnen oder Boote Verspätung hatten oder wenn die Unterkunftssuche mal wieder länger gedauert hat. Jedes Mal, wenn das Transportmittel in einem so erbärmlichen Zustand war, dass ich Angst hatte, nicht heil am Bestimmungsort anzukommen. Und jedes Mal, wenn sich das Paradies als Müllhalde entpuppte. Wenn ich genug Tempel besichtigt und genug Reis gegessen hatte, zu oft abgezockt wurde und meine Freunde einfach schon zu lange nicht mehr gesehen hatte. Dann braucht man schon mal eine Pause vom Reisen. So fühle ich mich momentan. Aber dann denke ich an all die Momente, die mich mit Glücksgefühlen geflutet haben. Die mich haben wachsen lassen. Mich dazu gebracht haben, mich selbst kennenzulernen. Dann blicke ich auf das Jahr zurück und fühle mich, als hätte ich alles in fünf Minuten erlebt.

Viel zu plötzlich finde ich mich einige Tage später vor einem deutschen Grenzbeamten wieder, der mir meinen Reisepass in die Hand drückt und mich mit den

Worten »Willkommen zurück!« verabschiedet, während mir die Tränen kommen, als ich zum ersten Mal seit vierzehn Monaten wieder deutschen Boden betrete.

Zurück ins alte Leben

Je mehr du deine eigenen Entscheidungen liebst,
desto weniger müssen andere sie lieben.

Unbekannt

4.20 Uhr, eine Tasse Kakao, meine Wolldecke, die Nacht und ich. Wir haben uns heute hier versammelt, um meine Ankunft im kalten, aber doch sehr gnädig auf 20 °C erhitzten Deutschland zu feiern. Beschenkt werde ich mit einem Jetlag und Schokokuchen. 21 Stunden hat es gedauert, mich hierherzubringen. Verwöhnt wurde ich von meiner Airline nicht wirklich, aber sie hat ihren Zweck erfüllt. Ich bin zurück in Deutschland. Nach kurzen Kontrollen stehe ich mit meinem »nur« noch fünfzehn Kilo schweren Gepäck in der Schlange am Zollschalter und wenige Minuten später schickt mich der Beamte mit einem »Auf Wiedersehen« durch die Schranken. Von dieser ungewohnt gewordenen Verabschiedung bin ich so überfordert, dass ich ganz ohne Erwiderung verschwinde. Deutsche Höflichkeit habe ich wohl verlernt. Aber da er mir nicht einmal einen Stempel in meinen zerfledderten Pass gegeben hat, darf ich wohl auch mürrisch werden.

Deutschen Boden zu betreten ist ein seltsames Gefühl. Und das Einzige, was mich in diesem Moment rettet, sind liebe Freunde, die überraschend auf der anderen Seite des Ausgangs stehen und mich anstrahlen. So überwinde ich den Moment der Verzweiflung und bin schnell abgelenkt durch die Wiedersehensfreude und das wuselige Geschnatter, das uns auf dem Weg zum Auto und auf der Fahrt zum Bahnhof begleitet. Ich hatte meinen Eltern gesagt, ich würde allein zurückfahren, weil ich keine große Begrüßung am Flughafen wollte. Genauso wie beim Abschied wollte ich diese Schritte allein gehen. Nun bin ich froh, dass ich ungewollt darum gebracht wurde.

Zurück zu sein ist fremd und bekannt zugleich. Die Straßen, Gebäude, bekannten Gesichter um mich herum und der fürsorglich gefüllte Kleider- und Kühlschrank bei meinen Eltern fühlen sich an, als wäre ich aus einem langen und sehr realistischen Traum aufgewacht. Und irgendwie ist es genau so. Der Text einer amerikanischen Bloggerin auf »The Fearful Adventurer«, den ich vor Kurzem gelesen habe, fällt mir wieder ein:

After you've had bucket-loads of vodka-and-Red-Bull fun, you'll eventually have to board a flight home, fight traffic on the freeway, submit several years of overdue tax, and begin your life from scratch with an emptied bank account, a fading tan, sandy shoes, and a pile of photos featuring your grinning mug in a bunch of exotic locales. You're facing horrible truth: your once-in-a-lifetime adventure is ov-ah.

Ich habe die Wodka-Red-Bull-Eimer ausgelassen, auf mich warten keine Steuernachzahlungen, und ich weigere mich anzuerkennen, dass mein Abenteuer schon vorbei sein soll. Aber auch mich plagt immer häufiger die Frage »Und was jetzt?«. Bisher konnte ich sie von mir schieben. Wie eine lästige Fliege verscheuchen. Aber nun muss ich mich langsam um eine Antwort kümmern.

So viele offene Fragen konnte ich im letzten Jahr für mich beantworten, viele Knoten lösen und Erkenntnisse sammeln wie Muscheln am Strand. Ich habe mich selbst viel besser kennen und akzeptieren gelernt. Aber ein wichtiger Punkt lässt sich einfach nicht lösen: Was mache ich nach all den Reisen, nach den unvergesslichen Erlebnissen und einmaligen Bekanntschaften, wenn ich das Gefühl habe, ich sei noch nicht fertig?

Jedes Mal, wenn ich in den letzten Wochen mit einem meiner Freunde in Kontakt getreten bin und meine Rückkehr angekündigt habe, kam schnell die Frage: »Und? Freust du dich?« – »Ja, auf die Menschen. Nein, auf die Rückkehr.«

Was bedeutet es denn eigentlich, wieder zurück zu sein? Es heißt, sich eine neue Wohnung zu suchen. Einen neuen Job. Eine neue Krankenversicherung. Einen neuen Lebensplan, selbst wenn es nur für den Übergang ist. Es bedeutet Verpflichtungen, Aufgaben, Verantwortung. All das, wovor man als Reisende so schön davonlaufen kann. Es fühlt sich ein wenig an, als würde ich mich freiwillig zurück in einen Schraubstock zwängen. Und sosehr es früher für mich eine Gewohnheit war, Verantwortung zu tragen, so sehr bin ich jetzt an das Gefühl gewöhnt, frei und ungebunden zu sein.

Den meisten hat es vor meiner Abreise Respekt eingeflößt, so ganz »ohne alles« dazustehen, aber für mich
war es die Befreiung schlechthin.

In den vergangenen Wochen habe ich also viele Tage
vor dem Laptop verbracht, Bewerbungen geschrieben
und verschickt, habe WGs gesucht und angeschrieben,
nach Lösungen, Ideen und Inspiration gesucht und mich
mit Krankenversicherungen und Ärzten in Verbindung
gesetzt, um meine Rückkehr möglichst fließend gestalten zu können. Ein Freund, dem ich davon schrieb,
fragte mich, warum ich mich denn jetzt schon von dem
Stress in Deutschland einfangen lasse. Meine Antwort:
Einfach weil ich es mir in Thailand noch leisten konnte,
nach einem Tag Administration auch mal zwei Tage am
Strand zu faulenzen. Je mehr ich schon vorbereiten
konnte, desto weniger droht mich der Berg zu Hause
zu überrollen, aber er ist immer noch groß genug. Ich
möchte mich für diese Gedanken auslachen und weiß,
wie lächerlich sie auf andere wirken müssen. Mein
Leben war ein einziger Fluss von Zeit, die dahinrieseln
durfte. Gefüllt mit allem, was angenehm war, und mit
der Möglichkeit, alles andere einfach aufzuschieben.

Eine Tatsache, der sogar ich nun endlich ins Auge blicke: »Going with the flow« ist in der Realität nicht so
leicht umsetzbar. Flexibilität und Spontanität sind im
Alltag einfach Grenzen gesetzt. Ich weiß schon jetzt, ich
werde in ein paar Wochen wie ein Junkie auf Entzug
sein. Die Füße werden jeden Morgen zappeln, der Mund
wässrig werden bei Dokumentationen über Fernreisen
und die Augen glasig, während meinen Freunden die
Ohren bluten werden bei all meinen Schwärmereien
über das Reisen. Also versuche ich mir die Situation als

das zu verkaufen, was sis ist: ein Zwischenstopp. Um mich selbst vor dem Hyperventilieren zu bewahren. Eine weitere Etappe, bei der ich genießen werde, was es zu genießen gibt. Die Tage und Begegnungen mit lang vermissten lieben Menschen. Der Genuss des Kochens in komplett ausgestatteten Küchen. Die Annehmlichkeiten, die eine feste Adresse mit sich bringt. Und ich werde einfach hinnehmen, was letztendlich schlicht Mittel zum Zweck ist: Ein Job, feste Arbeitszeiten, Verträge und die deutsche Mentalität des ewigen Nörgelns. Der Traum ist vorbei, die Realität hat mich wieder. Ich sitze nun also hier, warm eingepackt in nach Waschmittel riechender Kleidung, an meinem Laptop. Das Einzige, was mir gerade nicht fremd und vertraut zugleich vorkommt. Er hat mich überallhin begleitet, hat mich verbunden mit der Heimat, die sich gerade irgendwie nicht wie Heimat anfühlt. Er hat all meine Abenteuer dokumentiert, er hat mit mir gelebt in dieser Zeit.

Nachher werde ich als Allererstes meine Kleidung aussortieren. Auf mich warten drei Kisten mit Kleidungsstücken, die ich zwar optisch wiedererkenne, bei denen ich mich aber nicht überwinden könnte, sie wieder zu tragen. Zu seltsam fühlt sich jeder Pullover, jede Hose und jede Jacke an. Als ob sie aus einem alten Leben kämen, das sich nicht mehr mit der neuen Carina verträgt. Als wäre ich aus ihnen herausgewachsen. Alles, was ich besitze, hat die letzten vierzehn Monate in meinen Rucksack gepasst, und irgendetwas in mir sträubt sich dagegen, wieder mehr in mein Leben zu lassen. Aber da ist noch ein anderer Teil in mir. Einer, der mit Hoffnung, Erwartungen und Visionen gefüllt ist.

Ich sitze nun hier, mit dem wärmenden Kakao in den

Händen, und frage mich, wie es weitergehen wird. Tief in mir weiß ich, dass das nicht das Ende eines Traumes ist. Auch nicht das Ende einer Reise. Es fühlt sich eher an wie ein Neubeginn. Ein Zwischenstopp auf dem Weg zu mir selbst, den ich vor vierzehn Monaten begonnen habe. Und ich werde es nicht aufgeben, nach einer Möglichkeit zu suchen, um weiterzureisen, neue unvergessliche Erlebnisse zu sammeln, einmalige Bekanntschaften zu machen und neue Freundschaften zu schließen. Denn so schuldig ich mich auch fühle und das Gefühl mit mir herumtrage, gelogen zu haben, als ich jedem sagte: »Nach einem Jahr bin ich wieder da!«, so sehr weiß ich auch mit jeder Faser: Ich bin einfach noch nicht fertig! Ich bin wieder da und irgendwie auch nicht. Werde es vielleicht nie wieder richtig sein. Das hier war nicht das Ziel meiner Reise zu mir. Aber ich bin auf dem besten Weg dorthin.

Nach drei Tagen fühlt sich mein Kopf endlich nicht mehr an, als sei er voller Watte, und ich traue mich wieder vor die Tür. Als ich am Tag nach meiner Ankunft mit meiner Mutter zum Supermarkt fahre, überfordert mich das komplett. Ich begreife nicht, was mit mir passiert, aber ich stehe zwischen den Regalen und bin von der riesigen Auswahl völlig erschlagen. Leicht panisch starre ich die Käsetheke fünf Minuten lang an und verlasse den Laden dann, ohne etwas zu kaufen. Ich kann mich nicht entscheiden, weiß nicht, was ich will, und möchte weinen vor Verzweiflung.

All das kann ich auch leicht auf den Jetlag schieben. Dass ich plötzlich nicht mehr weiß, wie meine EC-Karte funktioniert, die ich vor vierzehn Monaten hier hinterlassen habe. Dass ich auf den Straßen vor lauter Straßenmarkierungen und Schilderwald völlig verzweifle und mich nur zur Wolldecke, der Couch und meinem Laptop zurücksehne. Meinem Anker zu einer Welt, die ich verstehe.

An diesem Tag lässt sich die Welt allerdings nicht länger ausblenden. Es wird Zeit, mich mit Freunden zu treffen und meinem alten Ich wiederzubegegnen. So viele Menschen haben sich auf meine Rückkehr gefreut, und ich fühle mich schlecht dabei, mich noch länger zu verkriechen. Ich schaffe es also an den Bahnhof und bin bereits am Ticketautomaten wieder überfordert. Es dauert etwas länger als sonst, mein Ticket zu finden, und das Paar hinter mir lässt deutlich seinen Unmut darüber aus. Willkommen zurück in der deutschen Ungeduld, in der nichts schnell genug gehen kann und andere Menschen nur im Weg sind. Ich bin völlig perplex, als mich der Herr irgendwann anfährt, weil ich zu lange brauche. Das habe ich absolut nicht erwartet. Im Gegenteil. Eigentlich hatte ich gehofft, dass jemand aus der Schlange hervorspringt, um mir zu helfen. Mit einem Lächeln auf dem Gesicht und einer Entschuldigung auf der Zunge, dass der Automat aber auch wirklich furchtbar schlecht programmiert sei, ziehe ich von dannen.

Im Zug sinke ich in meinen Sitz und versuche zu verschwinden. Unauffällig zu sein, immerhin das ist hier leicht. Ich steche nicht mehr hervor und sehe wieder so aus wie alle anderen. Etwas, was ich unterwegs vermisst habe und was mich nun noch zusätzlich verunsichert. Welchen Unterschied macht es, ob ich hier bin oder nicht?

Eine meiner Freundinnen, die mich das gesamte Jahr über per E-Mail und Skype begleitet hat, wartet in unserer Lieblingsecke in Frankfurt auf mich und quasselt sofort los. Aber anders, als ich es erwartet habe, drehen sich unsere Gespräche mehr um das, was nun kommt, als um das, was war. Eigentlich völlig logisch, da sie meine Reise konstant begleitet hat und ich auf dem Blog jeden Tag ausführlich berichtet habe. Und doch kann ich nicht anders, als ein wenig traurig zu sein. Es gibt so viele Eindrücke, die ich nicht öffentlich teilen wollte, und so viele Momente, die ich trotzdem teilen möchte, aber nicht weiß, wie.

Ich bin gehemmt, meinen Freunden von der Reise vorzuschwärmen. Zum einen, weil ich keinen Neid schüren möchte oder ihnen unter die Nase reiben will, was für eine unglaubliche Zeit ich hatte und wie sehr sie mich und mein Leben verändert hat. Zum anderen, weil ich einfach nicht weiß, ob es sie überhaupt interessiert. Also bleiben wir bei meinen Bewerbungen und Zukunftsplänen. Aber auch hier stocke ich. Wie kann ich in Worte fassen, dass ich mich selbst einfach nicht mehr sehe? Ich habe kein Bild mehr von mir, wenn ich an mich in sechs Monaten, in zwei Jahren oder in fünf denke. Und es fühlt sich an wie eine kalte Faust, die mir die Luft abschnürt, wenn ich es versuche. So vergeht eine ganze Woche. Eine Woche voller Treffen mit lieben Freunden, die alle hauptsächlich eine Frage haben: Wie geht es nun weiter?

Zurück auf der Couch, verbringe ich die meiste Zeit vor meinem Bildschirmschoner, den ich mit all meinen Fotos gefüllt habe, die im letzten Jahr entstanden sind. Ich sitze immer wieder stundenlang davor, um meine Seele damit zu balsamieren. Nun befinde ich mich in der nächsten Stufe der Wiedereingewöhnung: der absoluten Demotivation. Natürlich war ich nicht so naiv, zu glauben, dass sofort alles klappt wie am Schnürchen, aber gerade läuft es ziemlich mau, was vor allem daran liegt, dass ich mich seit zwei Wochen zu nichts mehr aufraffen kann. Anfangs war da noch der Wunsch, meine Freunde wiederzutreffen, shoppen zu gehen und leckeres Essen zu verspeisen, das nicht aus Reis oder Toast besteht. Nachdem diese ersten Male hinter mir liegen, trudelt die Motivationsspirale stetig abwärts.

Mein Plan, ein WG-Zimmer zur Zwischenmiete für einen Monat zu finden, ist gänzlich missglückt, und um wenigstens Absagen auf Bewerbungen zu erhalten, müsste ich es erst mal schaffen, welche zu verschicken. Nach dem einen verschickten Brief letzte Woche, den ich bereits auf der Reise vorbereitet hatte, kehrt nun absolute Flaute ein. Zum einen aus genereller Unlust, zum anderen weil die Stellen, um die ich mich bewerben könnte, so gar nicht mehr das sind, was ich machen möchte. Nicht einmal übergangsweise. Ich stelle schon wieder fest, dass sich heimlich und leise der deutsche Unmut wieder bei mir einschleicht. Ein Gefühl, das ich nicht mehr kannte. Wieder etwas, das sich vertraut und fremd zugleich anfühlt. Die Welt ist nicht nur grauer und farbloser hier, sondern auch härter.

Kein Wunder also, dass mich das in eine verspätete Winterdepression treibt. Ich bin einfach nicht mehr gewohnt, eine lange Aufgabenliste und Deadlines oder Verabredungen zu festen Zeiten zu haben – oder eine Uhr auch tatsächlich zu benutzen, nicht nur um zu errechnen, ob die Menschen auf der anderen Globusseite schon wach sind. Und gleichzeitig wird mir klar, was für ein unbeschwertes Leben ich in den vergangenen Monaten geführt habe. Direkt nach diesem Gedanken sind sie dann auch wieder da: meine altbekannten Freunde, die Schuldgefühle. All meine Freunde haben in dieser Zeit hart gearbeitet, haben den Winter durchgestanden und die Euro-Krise ertragen. Während ich, sind wir ehrlich, Surfern zugeschaut und lediglich an meiner Bräune hart gearbeitet habe. Es wurde also Zeit für mich, tatsächlich aufzuwachen, die Dinge anzupacken und mal wieder etwas Produktives auf die Beine zu stellen, womit ich im ehrgeizigen Deutschland bestehen kann.

In der ersten Woche nach meiner Rückkehr halten die Glücksgefühle der Reise noch an. Wie ein Überschuss an Hormonen, der noch abgebaut werden muss. Danach, als alle Wiedersehen abgehakt sind, erfüllt mich eine große Leere. Das Leben der Menschen, die mir wichtig sind, ging weiter, als ich auf Reisen war. Was für eine überraschende Erkenntnis – aber vor allem lief es wunderbar ohne mich weiter. Meine Freundschaften haben sich auf einen harten Kern reduziert. Manche alten Freunde und Bekannte melden sich nun wieder, obwohl ich lange nichts von ihnen gehört habe, aber ich bleibe resolut und blocke teilweise deutlich ab.

Ich wollte auf meiner Reise herausfinden, wen ich in meinem Leben halten möchte und wem ich wichtig genug bin, auch die Mühe und die Arbeit in eine Fernfreundschaft zu investieren. Ich habe gelernt, auch allein absolut zufrieden zu sein. Dass ich nicht wieder zu viel Besitz anhäufen will, gilt auch auf emotionaler Ebene. Das ist nicht einfach und fühlt sich oft sehr egoistisch an. Vor allem, weil uns ständig vorgebetet wird, dass ein großes soziales Umfeld und viele Freunde ein Zeichen für Erfolg und Beliebtheit sind. Davon habe ich mich gelöst und schenke meine Zeit und Zuneigung lieber den Menschen, die mir wirklich nahestehen.

Obwohl ich mich nur noch mit diesen Herzensmenschen umgebe, fühle ich mich trotzdem manchmal wie von ihnen abgeschnitten. Getrennt, durch eine unsichtbare Wand, die die Reise mit sich gebracht hat. Ich habe mich verändert und bin nicht mehr die Person, die vor vierzehn Monaten aufgebrochen ist. Das Problem daran ist, dass diese Veränderungen von außen niemand wahrnehmen oder verstehen kann. Nach fünf Minuten Unterhaltung darüber gehen die Gespräche meist wieder zum Alltagsgeschehen über. Als wäre die Reise nie passiert. Und spätestens beim zweiten Treffen ist sie kein Thema mehr. Manchmal schneide ich die Themen wieder an, aber für andere sind meine Erlebnisse nicht greifbar, nicht verständlich, und so endet das Gespräch in kurzen Monologen meinerseits und Schweigen auf der anderen Seite, bis ich wieder Themen aufgreife, die einfacher sind. Eine seltsame Einsamkeit überfällt mich so. Etwas, das ich mit den wenigen Reisenden, zu denen ich noch Kontakt habe, teilen kann, was mich spürbar tröstet. Die Tage, an denen ich mich in Frankfurt mit Anna treffe, sind die Tage, an denen mein neues Ich immer mal wieder hervorkommen darf. Die restliche Zeit fühle ich mich fremd mit mir selbst in diesem alten Leben.

So vergehen mehrere Wochen und Monate. Vor zwei Monaten saß ich noch in Bangkok und beschäftigte mich auf dem Blog mit dem Thema Reintegration. Nun befinde ich mich offiziell in der heißen Phase und komme etwas ins Schwimmen. Leider dieses Mal ohne Schnorchel und vor allem ohne Meer.

Schon nach kürzester Zeit wurde ich von der Person, die gerade von einer Weltreise zurückkommt, zu der Person, die wieder in Deutschland lebt, wohnt und arbeitet.

Die Themen mit Freunden und Bekannten drehen sich zu 95 Prozent um meine Zukunft, was ja nicht unbedingt etwas Schlechtes ist, und in 5 Prozent der Fälle um die gegenwärtige Situation.

Die meiste Zeit fühlt es sich so an, als wären die vierzehn Monate vor meiner Rückkehr gar nicht passiert. Aus Zurückhaltung und dem Bemühen, niemanden mit meinen Geschichten zu langweilen, schlucke ich die meisten Kommentare herunter. Aus Sorge, meine Freunde könnten sonst aus Pflichtgefühl nachfragen, spreche ich auch niemanden darauf an, warum das so ist. Ich stecke in einem Teufelskreis, den ich selbst erschaffen habe. Entgegen meiner Haltung nach außen ist mein inneres Ich noch nicht ansatzweise reintegriert.

Ich ertappe mich dabei, wie ich immer wieder zu meinem Bildschirmschoner zurückkehre und seufzend davorsitze. Wie ich stirnrunzelnd aus dem Fenster schaue und mir die Welt da draußen grau vorkommt, selbst bei strahlendem Sonnenschein. Wie mir Häuser, Bäume und Straßen immer noch unnatürlich fremd erscheinen und wie ich mich immer noch fühle wie ein Mensch, der eigentlich nicht hierhingehört. Es ist nicht so, dass Deutschland für mich nicht auch seine schönen Seiten hätte. Aber ich fühle mich wie ein Quadrat, das in einer runden Öffnung sitzt. Ich passe nicht mehr hinein.

Und sosehr ich mich auch bemühe, mich auf eine

neue Stadt und meinen neuen Job freue, bleibt dieses Gefühl ganz tief in mir drin. Viel schwieriger als der Neuanfang ist ohnehin mein krampfhaftes Streben danach, mir selbst treu zu bleiben. Einer der vielen Gründe, weshalb ich diese lange Reise gemacht habe, war, um herauszufinden, wer ich eigentlich bin. Welchen Prinzipien ich treu sein möchte, wofür ich einstehen will und welches Bild ich nach außen vermitteln möchte. All das habe ich für mich finden können, aber nun zeigt sich, dass in dieser alten Rolle mit Sesshaftigkeit, Job, Heimatort und alten Freunden zwei kleine Welten aufeinanderprallen. Jeder Reisende, den ich getroffen habe, hat irgendwelche Eigenschaften entdeckt, die er an sich mag und in jedem Fall auch nach der Rückkehr erhalten möchte. Jeder hat zugleich Angst, der Macht der Gewohnheit nicht widerstehen zu können und in die alten Gewohnheiten zurückzufallen. Auch ich.

Nun versuche ich also wie ein Ritter mit einer Rüstung aus Papier, mein neues Ich zu verteidigen und am Leben zu erhalten. Und den Menschen um mich herum zu zeigen, dass ich nicht einfach nur wieder da bin, sondern dass ich mich auch verändert habe, auch wenn man das nicht auf den ersten Blick sieht.

Regensburg

Ich sitze an meinem Schreibtisch in der Kinderklinik der Universitätsklinik Regensburg, schaue in den Kalender und erschrecke, als ich feststelle, dass ich kommende Woche genau sechs Monate zurück bin. Es erinnert mich an das Gefühl, das ich auf Reisen hatte, als die Tage nicht genug Stunden hatten, um all die Erlebnisse und Erfahrungen sammeln zu können. Hier bin ich nun wieder in der alten Struktur gefangen, und in den letzten Monaten gab es nur wenige Momente, die mir wirklich in Erinnerung geblieben sind. Sie würden alle zusammen vielleicht eine gute Woche füllen.

Da wäre der Moment, in dem ich mich in einer Spontanaktion auf meine neue Stelle beworben habe. In einer Online-Anzeige fand ich eine Ausschreibung, die wie für mich gemacht schien. Korrektur: die wie für mein altes Ich gemacht schien. Die Kinderklinik Regensburg suchte eine Kinderkrankenschwester mit Onkologie-Erfahrung für eine Stelle als Qualitätsmanagement-Beraterin. Das bedeutet, kein Schichtdienst mehr, kaum Patientenkontakt und ein Bürojob am Schreibtisch. In mir tobte ein kleiner Kampf. Mit meinem ursprünglichen Gedanken, mir lediglich eine Stelle für fünf bis sechs Monate zu suchen, um genug Geld zu sparen und wieder aufbrechen zu können, hätte ich auch eine Stelle in meiner alten Frankfurter Klinik haben können. Doch dieser neue Job wäre eine Möglichkeit, längerfristig all meine Probleme von vor der Reise zu lösen. Ich müsste nicht mehr die zehrenden Frühschichten ertragen. Ich hätte meinen eigenen Bereich und wäre nicht mehr länger eine Arbeitsbiene in einer Masse. Meine Arbeit wäre theoretischer, und doch könnte ich etwas Positives beitragen, was mir bei meinem sehr sozialen Beruf immer wichtig war. Letztendlich prasselte vor allem der zurückgekehrte Realismus auf mich nieder. Ich musste doch auch an meine Zukunft denken. Wer kann denn schon endlos reisen. Früher oder später musste ich sowieso wieder sesshaft werden, um meinen Lebensunterhalt und meine Rente zu finanzieren. Und wer weiß, ob sich solch eine Gelegenheit je wieder bieten würde.

Also sagte ich zu und zog nach Regensburg in eine WG mit meiner Cousine, kaufte Möbel und richtete die Wohnung ein. Ich unterschrieb Vertrag nach Vertrag nach Vertrag – und spürte bei jedem einzelnen, wie sich altbekannte Fesseln um meinen Fuß legten. Dennoch wollte ich mir einfach nicht eingestehen, dass das die perfekte Lösung für die Carina gewesen wäre, die vor eineinhalb Jahren auf die Reise ging, aber vielleicht nicht für die Carina, die von dieser Reise zurückgekommen ist.

Nun bin ich also definitiv wieder zurück. Auf deutschem Boden. In der Heimat. Aber die Definition davon hat sich für mich in den vergangenen zwei Jahren extrem verändert. Ich habe noch nie ein ausgeprägtes Heimatgefühl gehabt. Daher gab es für mich eher den Begriff der Wahlheimat. Ein Ort, an dem man sich temporär zu Hause fühlt, obwohl es nicht der Ort ist, an dem man aufgewachsen ist oder wo man seine Wurzeln hat. Man kann also mehr als eine Heimat haben. Und dann gibt es ja noch den ganz wichtigen Satz: »It's the people that make the place!« Für mich war letztendlich immer dort mein Zuhause, wo mein soziales Netz war.

Wenn ich heute in mich hineinhorche, hat Heimat einen ganz anderen Dreh bekommen. Die Menschen, die einen Platz in meinem Herzen eingenommen haben, mir wichtig sind und die ich vermisse, sind nicht mehr nur über verschiedene Städte in Deutschland verteilt. Sie sind in Australien, Italien, Neuseeland, Kanada, England ... Und auch die Zahl der Orte, an denen ich mich heimisch gefühlt habe, ist deutlich gewachsen.

Aber dann ist da auch dieses neue Gefühl, das stärker ist als Orte und Menschen. Eine ungekannte Art von Verbundenheit. Etwas, das mich plötzlich definiert. Mir einen Stempel aufdrückt, der sich nicht mehr abwischen lässt und eine nie gekannte Art von Heimweh entstehen lässt, die mich ständig begleitet. Ich bin auf eine Reise gegangen, um etwas zu finden, wovon ich selbst nicht wusste, was es ist. Ich bin auf eine Reise gegangen und nie wirklich zurückgekehrt. Und nun sitze ich hier an meinem Schreibtisch, umgeben von lieben Kollegen, in einem Leben, das mich vor zwei Jahren durch und durch glücklich gemacht hätte, und starre doch nur auf die Postkarte, die vor mir an der Pinnwand hängt. Eine Weltkarte. Und ich wünschte, ich wäre überall, nur nicht hier. Wieder einmal fühle ich mich undankbar und weiß doch, dass es nicht wieder damit enden darf, mich von diesem Gefühl leiten und lenken zu lassen.

Also gehe ich in das Büro meines Chefs, klopfe an und kündige. Anders als vor zwei Jahren habe ich keinen genauen Plan. Ich weiß nur, dass ich endlich herausfinden muss, welche Möglichkeiten ich noch nicht ausgeschöpft habe, und dass 08/15 für mich einfach nicht mehr funktioniert. Ich kann nicht länger das Leben einer Person leben, die ich einfach nicht mehr bin. Auch wenn sich mein neues Ich noch anfühlt wie ein fließendes Konzept, sind zumindest die Umrisse klar. Mein Fernweh bestimmt dieses neue Ich. Die Sucht nach Freiheit, Selbstbestimmtheit und Losgelöstheit.

Zwischenstopp in Berlin

Vor drei Wochen flatterte eine E-Mail in mein Postfach. Ich glaube nicht an Schicksal, aber ich glaube daran, dass sich immer wieder Türen öffnen und wir selbst gezielt auswählen, durch welche wir gehen. Conni und Sebastian, zwei erfolgreiche Reiseblogger, haben mir darin angeboten, mich um einen von fünf Plätzen für einen fünftägigen Workshop in Berlin zu bewerben, in dem es darum ging, professionelles Reisebloggen zu lernen und wie man damit seinen Lebensunterhalt bestreiten kann. Etwas in mir leuchtete auf wie eine Glühbirne. Plötzlich fügten sich die Puzzleteile in mir zusammen, die bisher verstreut und verloren herumgelegen hatten. Dass ich an genau dem Tag, an dem ich beschloss zu kündigen, die Zusage für diesen Workshop erhielt und damit aus einer Bewerbermenge ausgewählt wurde, war das Zeichen, auf das ich noch gewartet hatte.

Zwei Monate später sitze ich also in einem Apartment, das wir uns während des Workshops teilen, und lausche jeden Tag gebannt den Inhalten, die die beiden so großzügig an uns weitergeben. Wir starten immer um neun Uhr und machen bis mindestens sechs Uhr abends. Danach bekommen wir meist Besuch von erfolgreichen Reisebloggern, die wegen der Tourismusmesse in dieser Woche in Berlin versammelt sind. So sitze ich oft bis spät in die Nacht über meinem Notizheft, meinem Laptop und meinem Blog und feile an einem neuen Konzept, das meine Zukunft bedeuten soll.

Ich lerne in diesen fünf Tagen viel mehr, als ich mir erhofft hatte, und stelle dabei fest, wie wenig Ahnung ich hatte. Verschiedene Schreibtechniken, Online-Marketing, Branding und Positionierung prasseln auf mich ein, und ich fühle mich, als brenne ich vor Leidenschaft. Eine Leidenschaft, die ich bisher gar nicht kannte. Mein Notizbuch ist nach diesen Tagen randvoll, und ich weiß, es kommt noch eine Menge Arbeit auf mich zu.

Zurück in Regensburg, mache ich mir endlich einen genauen Plan und bin zum ersten Mal seit meiner Rückkehr wieder Feuer und Flamme für etwas. Das könnte genau der Weg sein, den ich gesucht habe. Es fühlt sich einfach richtig an. Schon auf meiner Reise habe ich gemerkt, dass das Schreiben etwas ist, was mir selbst nach einem Jahr nicht langweilig wurde, und dass es zu einer Routine wurde, ohne dass ich mich je dazu zwingen musste. Die Möglichkeit, dieses Hobby zu meiner Einnahmequelle machen zu können, klingt wie ein Traum. Aber einer, den es sich zu jagen lohnt.

Ich bespreche meine Zukunftsplanung intensiv mit meiner Cousine und grob mit meinem Chef. Wir einigen uns darauf, dass ich mein aktuelles Projekt noch zu Ende führe und dann aussteige. Somit habe ich ab jetzt noch ein halbes Jahr Zeit, meinen Blog komplett zu professionalisieren, mir einen Puffer anzusparen und meinen Besitz wieder aufzulösen. Dieses Mal will ich weiter gehen. Ich will nichts zurücklassen und alle Bindungen an Deutschland auflösen. Ich weiß, dieses Mal gibt es kein Zurück.

Was anfangs nur ein grobes Konzept ist, wächst in den kommenden Monaten immer mehr zu einem konkreten Business-Plan. Ich verbringe jede freie Minute in den Bibliotheken der Universität damit, meinen Blog auf ein ganz neues Level anzuheben. Dabei konzentriere ich mich jetzt auf das Thema alleinreisende Frauen, gebe dem Baby einen neuen Namen und starte mit *Pink Compass* voll durch. Jede Woche veröffentliche ich drei Artikel, die anderen Frauen helfen sollen, ebenfalls allein in die Welt aufzubrechen. Ich verbessere die Kommunikation in meinen Social-Media-Kanälen und baue nach und nach eine wachsende Reichweite auf. So verbringe ich sechzig bis siebzig Stunden pro Woche und kann es jedes Mal kaum erwarten, mich wieder an meinen Laptop zu klemmen und weiterzumachen. Nichts hat mich je so ehrgeizig werden lassen. Auch wenn ich schon immer hundert Prozent gegeben habe, sind es nun gefühlte zweihundert. Mein Sozialleben liegt auf Eis, und das Einzige, was ich nebenbei noch vorantreibe, ist die Auflösung meines neu angehäuften Besitzes. Ich reduziere mich vollständig auf den Inhalt meines Rucksacks, der endlich wieder von der Staubschicht befreit wird. Die letzten Nächte verbringe ich auf einer geliehenen Luftmatratze und mein gepackter Rucksack liegt in der Ecke des leeren Zimmers bereit.

Vergangene Woche habe ich meine Selbständigkeit beim Finanzamt angemeldet. Zitternd habe ich den Wisch mit einem hoffnungsvollen Lächeln neben meinem Gesicht fotografiert und auf Facebook geteilt. Ins Feld für die Tätigkeitsbeschreibung habe ich »Autorentätigkeit« geschrieben, wie ich meine zusammengebastelte Selbständigkeit jetzt benenne. Außerdem stehen dort Worte wie »Affiliate-Marketing«, »Online-Werbung« und »Verkauf digitaler Informationsprodukte«. Begriffe, die mir bis vor einem halben Jahr noch wie böhmische Dörfer vorkamen. Es fühlt sich alles noch ein wenig unwirklich an. Auch dass ich mich ab sofort Dauerreisende nennen darf und meine nächsten Monate gepflastert sind mit neuen Reisezielen wie Istanbul, Jerusalem und Petra. Ich weiß noch nicht, wie es danach weitergeht und ob meine Selbständigkeit Erfolg haben wird. Aber ich weiß, dass ich alles dafür geben werde.